大相撲の神々と
昭和前半の三役行司

根間弘海

専修大学出版局

本書も妻・尚子に謹呈する、感謝を込めて

まえがき

　本書は 6 章で構成されているが、それぞれの章では異なるテーマを扱っている。全体的に一貫しているのは、行司や土俵と関連あるテーマを扱っていることである。土俵に関しては四本柱が赤色だった頃、東西南北の方位は定まっていたのかどうかを吟味している。主な資料は錦絵であり、文字資料は副次的である。それを扱っているのは 1 章だけである。他の 5 章はすべて、行司に関連することなので、本書は主として行司をテーマにしていることになる。

　相撲では力士が主役であり、行司は脇役である。やはり目立つのは力士であり、注目を浴びるのも力士である。行司は力士の対戦を裁く判定者であり、黒子にしか過ぎない。しかし、行司は独特の装束を身に着け、手には軍配を持って、力士とともに動き回っている。行司は取組を最初から最後まで主導している。また、行司は土俵祭と呼ぶ神事も執り行っている。その中の所作には一定の作法がある。驚くほど、整然とした動きをする。土俵祭ではいくつか祝詞を唱えるが、それにも一定の作法がある。本書ではその一端を紹介している。

　本書ではまた、朱房の三役行司の草履と短刀についても調べている。一つの問題提起は、昭和 2 年春場所から昭和 34 年 11 月まで朱房行司は草履を履き、短刀を許されていたのかというものである。実は、「許されていた」とする文献が圧倒的に多い。逆に、「許されていなかった」とする文献は非常に少ない。本書では、三役行司は昭和 2 年以降昭和 34 年 11 月まで、草履を履いていないし、短刀も許されていないと指摘している。圧倒的多数の文献と相反する主張である。もちろん、その証拠は本文中に提示してある。木村庄三郎と木村正直に許された草履は特例として扱う。

　現在は初日の前日に土俵祭を行い、相撲の神々を迎える。どんな神様を相撲の神様として迎え入れているのだろうか。現在は「三神」を迎えてい

るが、具体的にはどんな神様なのだろうか。大相撲が始まって以来、相撲の神様は変わらないのだろうか。実は、それが変わっているのである。本書では、相撲の神々についても扱う。本書では四季の神々についてはあまり触れず、それ以外の相撲の神々に焦点を当てている。

　土俵祭で迎えた神々は相撲が終わると、感謝を込めてお見送りする。その儀式を「神送りの儀式」と呼んでいるが、それは千秋楽の最後に行う。「手打ち式」と「神送りの儀式」は一体となっているが、厳密には別々の儀式である。手打ち式は三本締めで終了し、それに続いて神送りの儀式は始まる。その儀式を端的に表すのが、出世力士による行司の胴上げである。以前は審判委員を胴上げしていた。いつ、そしてなぜ、審判委員から行司に変わったのだろうか。本書では、手打ち式と神送りの儀式についても扱っている。

　神送りの儀式はしばらく中断することもあったが、平成16年からそれを再開している。その再開を提唱した方が相撲教習所の担当をしていた大山進親方である。私はこの大山親方にお会いし、どういう考えで儀式を再開したのかをじかに聞くことができた。そのときに聞いたお話を本書では掲載している。それを読めば、なぜ神送り儀式を再開したか、なぜ行司を胴上げしたか、どういう方たちと話し合いを持ったかなど、手に取るようにわかるはずだ。

　本書では新しい主張をしてある章もあるし、ただ単に事実を詳しく述べてあるだけの章もある。すべての章に新しい主張なり指摘なりをできればよいのだが、それは結果としてできなかった。しかし、事実を詳細に記述してあるので、これはいつか必ず役立つはずである。現在、当然のこととして受け止め、何も記述しておかないと、いつか困ることになる。相撲は長い目で見れば、いろいろと変化しており、以前はどんな状態だったのだろうかと思いをはせることがある。そういうとき、記述してあるものがあると、大いに助かる。そういう思いを込めて、新しい主張を提案できないが、詳細な記述を残しておくことにした。

　各章の概要を6ページに示してある。これを読めば、各章でどんなことを扱っているか、一目でわかるはずである。各章は別々のテーマを扱っ

ているので、この概要を読んで、興味のある章から読み始めてもよい。中には第1章と第2章と第3章のように密接に関連している章もある。第4章と第5章は必ずしも密接に関連しているとは言えない。一つは行司の昇進年月と改名年月を扱っているし、もう一つは三役行司の房色や行司に関連する履物のことを扱っている。第6章は、四本柱がすべて赤色だったときの方位を扱っており、行司と直接的な関係はない。行司の控える方位が土俵の四方位を見分けるヒントになることもあるが、行司が四本柱の色と直接関わっているわけではない。

　本書を執筆しているとき、行司に関連することでわからないことがあると、その都度、元立行司や現役行司に教えてもらった。本書では特に29代木村庄之助と40代式守伊之助、現役行司の41代式守伊之助、木村元基（幕内行司）、木村亮輔、木村悟志（ともに幕下行司）に何度も電話し、質問したり確認したりした。もちろん、この他の行司たちにも行司関連のことを尋ね、教えてもらった。本文の中でもお世話になった行司の名前は書いてある。行司関連の論考の執筆に当たっては、行司のご協力は大きな助けになる。大変ありがたかった。ここに改めて、お世話になった行司さん一人一人に感謝の意を表しておきたい。

　本章を準備している段階では、大相撲談話会の多田幸行さんに読んでもらい、貴重なコメントをいただいた。多田さんには拙著や拙稿を発表する際、いつもお世話になっている。私が専修大学で教養ゼミ講座「相撲の文化」を担当していたとき、多田さんは受講生であり、その後も、相撲の研究仲間である。私が定年退職し、多田さんが卒業してからも、私の自宅で月一回開いている大相撲談話会で一緒に相撲を楽しんできた。そういう間柄なので、つい多田さんには常にコメントをお願いしてきた。それから、談話会のメンバーである相沢亮さんにも神送りの儀式で行う胴上げの資料をいくつかいただいた。お世話になったお二人にも、改めて感謝の意を表しておきたい。

　本書の出版に際しては、専修大学出版局長の上原伸二氏に大変お世話になっている。上原さんには拙著『大相撲行司の松翁と四本柱の四色』(2020)でもお世話になった。今度は二度目である。出版に関わる細かなことに心

配りをしていただき、ありがたいと思っている。ここに改めて、いつもの心配りに感謝の意を表しておきたい。

【各章の概要】

第1章　手打ち式と神送りの儀式

　大相撲では千秋楽の最後に手打ち式が行われる。その儀式では出世力士が十両格の行司を胴上げする。以前は審判委員の一人を胴上げしていた。しかもその胴上げは常に行われていたわけではなく、中止になったり、再開されたりしている。中止になったのは昭和32年ごろで、再開されたのは平成16年だとする文献もある。その指摘は正しいのかと調べてみたところ、正しくないことがわかった。その期間中でも胴上げが散発的に行われていたのである。手打ち式にはあまり見慣れない所作が見られる。これは、行司がお神酒を回し始めるときに見られる。なぜそのような所作をするのだろうか。元行司や現役行司に尋ねてみたが、いくつか説明はあるものの、真偽のほどはわからない。どんな所作なのかは、本文中で詳しく述べてある。なお、手打ち式と神送りの儀式を明確に区分し、復活提案した大山進親方の考えも本章の末尾に掲載してある。これは大山親方に私が質問し、それに親方が答えたものである。神送り儀式を復活させた意義や胴上げを審判委員の親方から行司に変えたときの経過などが述べてあり、興味深い内容になっている。

第2章　土俵の神々

　大相撲には神事の側面がある。実際、土俵祭で神々をお招きし、土俵の安全はもちろん、大相撲の加護をお願いする。大相撲の神々の依り代として御幣がある。土俵祭では7本の御幣を立て、儀式が終わると4本は土俵の四房4本に括り付け、他の3本は行司部屋の神棚に立ててある。現在は相撲の神様は3体（柱）だとなっている。したがって、7本のうち、

3幣はその神様の依り代である。他の4幣は四季の神様を表す。相撲の神様はずっと以前から現在まで同じだったのだろうか。実は、そうではない。現在の神様は昭和20年11月に決められた。それでは、それ以前はどんな神様だったのだろうか。文献によれば、天神7代、地神5代に加え、万の神々であった。その神々を象る御幣の数はどうだったのだろうか。相撲では、基本的に、やはり3幣（四季の4幣を加えて7幣）である。簡略化した場合は、八幡幣1本で済ませている。相撲の神々は違っているのに、御幣の数は現在と同じ3本である。以前の万の神々の場合も3幣、現在の場合も3幣、奇妙な一致である。なぜそうなったのかには意味がありそうである。要は、なぜ以前の神々を3幣で象ったかである。本書では、現在の神々と以前の神々について詳しく見ていく。

第3章　土俵祭の作法

　土俵祭は初日の前日の午前10時から行われている。この儀式では厳かな雰囲気の中で行司が神事を執り行っている。相撲の三神や四季の神々をお招きし、その臨在を表すために祝詞を唱えたり、前もって準備しておいた祭具を動かしたりする。その動きは一定の作法に基づいている。ここでは、どのような作法が行われるかをできるだけ詳細に文章化する。土俵上で行司が動き回ったり、各種の祝詞を唱えたりする所作を具体的に記述するのである。御幣を片づけるのも型にはまったやり方で動かす。塩を撒くときも左、右、中央という順序で手を動かす。本章ではなぜ土俵祭をするのかとか、どのような神を「相撲の神様」として招くのかといった「土俵祭の意義」については問わない。神々を招くのにどんな所作をするのかという「形式」に焦点を当てている。この研究は土俵祭が一般公開される前に始めていたが、まもなく一般公開されるようなり、またインターネット上で映像も見ることができるようになった。ここに描かれている記録の所作が映像とどのくらい近いか、またはかけ離れているかを比較してみたらどうだろうか。

第4章　行司の昇進年月

　昭和2年春場所から現在まで十両以上になった行司を取り上げ、それぞれの行司の昇進年月と改名年月を調べている。昭和2年春場所を起点にしているが、これには特別な意味があるわけではない。便宜上の区切りである。行司は初土俵を踏んだ後で、番付に載る。ここでは、その初土俵を起点にし、それ以降の昇進歴を調べている。行司はまた改名をよくするので、いつその改名をしたのかも調べてある。なぜ改名したのかについては不問である。しかし、昭和2年までさかのぼるとすると、調査は簡単ではない。時代をさかのぼればのぼるほど、また地位が低くなればなるほど、資料が少なくなっていく。番付は昔から場所ごとに発行されているし、しかもそれが最高の資料であることは確かなのだが、番付記載の仕方が現在と同じでないため、地位の見極めが困難な場合がある。さらに、階級の低い行司の名前は「虫眼鏡」で拡大してみても、漢字の判別が難しい場合もある。そういうことで、時代をさかのぼるにつれて、特に昇進年月の空欄が多くなる。改名は番付を見れば、かなりの確率で判別できる。見分けやすいからである。行司歴を確認するためには、多くの文献を活用した。その主な文献は本文の中で記してある。

第5章　昭和前半の三役行司

　昭和34年以前の文献では、朱房の三役行司は草履を履き、帯刀が許されていたと記述してある。その数は圧倒的である。そのため、それが真実だと思いたくなる。ところが、文献の中には、三役行司は朱房だとだけ記述してあるものもある。どれが事実なのだろうか。それを調べてみることにした。結果は、朱房の三役行司は草履も短刀も許されていなかった。たとえば、大阪相撲の木村清之助は紫白房で草履を履いていたが、合併相撲の昭和2年春場所では三役行司に格下げされ、朱房になり、草履もはく奪されている。もちろん、帯刀も許されていない。もし昭和2年当時、朱

房の三役行司が草履を履くことができたなら、木村清之助をたとえ朱房に格下げするとしても、草履まではく奪する必要などなかったかもしれない。実際、朱房の三役行司は昭和2年以降昭和34年11月まで草履を許されていない。昭和22年6月に木村庄三郎と木村正直は朱房の三役行司だったが、草履を許されている。これは「特例」であり、例外的な許可だった。他の三役行司はどんなに経験豊かであっても、その後も昭和34年11月までずっと足袋のままだった。なぜ圧倒的な文献で三役行司が草履と帯刀を許されたと記述してあるのか、今でも不思議である。理由をいくつか指摘してみたが、それが妥当なものかどうか心もとない。皆さんもその理由を考えてみたらどうだろうか。もしかすると、本書の指摘には大きな落とし穴があるかもしれない。

第6章　赤色の四本柱と土俵の四方位

　現在は四本柱の代わりに四房が屋根から吊るされているが、本書では昭和27年以前にあった「四本柱」と呼ぶことにしている。四色の四本柱が使われるようになったのは安政5年1月以降である。それまでは四本柱は基本的に赤だった。紅白柱もときには使われている。現在、四本柱は四季を表し、方位の色も決まっているが、赤柱だったころ、土俵の方位は決まっていたのだろうか。本書では、その方位は定まっていたと指摘している。もちろん、四本柱の色だけを見るかぎり、その方位はわからない。そのため、いくつかの視点を定めて、錦絵や文字資料などを調べることにした。たとえば、東西南北はどう描かれているか、水引幕の巻き方はどうなっているか、水桶や力紙はどう描かれているか、弓・弦・扇子はどの柱に括られているか、錦絵では対戦する力士は東西のどちらに描かれているか、中改（現在の審判委員）はどの柱を背にしているか、などを詳細に調べてみた。綺麗に判別できないこともあるが、複数の要素を考慮してみると、土俵の方位は決まっていたと判断している。土俵の情景が明確に描かれるようになった天明以降の錦絵を見るかぎり、安政5年までに土俵の方位は定まっていたに違いない。その指摘が正しければ、土俵の方位は現在ま

で変わらないことになる。ただし、南北の方位は明治 42 年 6 月に変わり、
それに伴い東西の方位も変わっている。

目　次

第1章　手打ち式と神送りの儀式

1.　本章の目的[1]

　大相撲では千秋楽ですべての行事が終了すると、出世力士手打ち式と神送りの儀式が行われる[2]。本章ではこの二つの儀式に焦点を絞り、それがどのような儀式で、現在までにどのような変化があったかを調べる。具体的には、主として、次のようなことに焦点を絞っている。

(1)　平成16年5月に胴上げがあったが、それは約30年振りの復活だとか約45年振りの復活だとか指摘されることがある。これは本当だろうか。昭和32年から平成16年までの約45年間に胴上げは本当になかったかを調べてみると、実は散発的に行われていたのである。胴上げは中止や再開を頻繁に繰り返している。したがって、約45年振りの復活とか約30年振りの復活とかいう指摘は間違っている。

(2)　現在の手打ち式はどのような手順で行われているだろうか。その手

---

1)　本章をまとめるには現役の行司・木村元基、木村亮輔、木村悟志をはじめ、元行司の木村庄之助（29代・33代・35代・36代）と式守伊之助（40代）に再三質問をし、貴重なお話をいただいた。神送りの儀式の復活を提案した大山進親方とはじかにお会いし、その復活提案の背景などを聞くことができた。相撲博物館には確認や質問を何回もし、ご迷惑をおかけした。本当に多くの方々にお世話になった。ここに改めて、感謝の意を表しておきたい。なお、大山親方のお話は本章の末尾に掲載してある。

2)　本章では正式呼称「出世力士手打ち式」と「神送りの儀式」を簡略化し、それぞれ「手打ち式」と「神送り儀式」と呼ぶこともある。

順をできるだけ具体的に記述する。詳しく手順を記述することによって、改めて気づくことがある。たとえば、呼出しがお神酒を注いでかわらけを回すとき、最初に行司に注ぐが、行司は両手を上向きに交差してかわらけを持っている。なぜだろうか。

(3)　現在の二つの儀式と以前の儀式はあまり変化していないだろうか。変化しているとすれば、それは何だろうか。たとえば、現在は行司を胴上げしているが、以前も行司を胴上げしていたのだろうか。実は、行司の前は審判委員だったし、審判委員の前は審判検査役で、その前は勧進元だった。いつ胴上げする人物は変わったのだろうか。

(4)　胴上げが審判委員から行司に変わったのはなぜなのか。審判委員は体重が重すぎて少人数の出世力士だけでは落とす危険性がある。そのようによく言われるが、それだけが理由だろうか。もっと深い理由があるのではないだろうか。それは何だろうか。行司を胴上げすることに、行司会はすんなりと受け入れただろうか。それはいいことだと歓迎したのだろうか、それとも何らかの抵抗があったのだろうか。抵抗の理由は何だろうか。

(5)　現在は「手打ち式」と「神送りの儀式」という二つの儀式を行っているが、以前は「手打ち式」のみだった。「手打ち式」の中で胴上げもしていた。なぜ「手打ち式」を分離し、新たに「神送りの儀式」を作ったのだろうか。現在は「神送り」という言葉はかなり注目を浴び、当たり前の言葉になっているが、なぜだろうか。答えの一つは、もちろん、胴上げされる行司が神の依り代である御幣を抱いているからである。もう一つは、取組表の式次第に「手打ち式」と共に「神送りの儀式」と明確に掲示されているからでもある。

　本章では、このようなことを詳しく見ていく。調べるには文字資料や映像資料を活用するが、平成16年以前はその儀式があまり脚光を浴びてい

なかったせいか、資料そのものがかなり少ない。見落としている資料があることは確かなので、もっと調べれば胴上げの有無に関する資料は増えるはずだ。本章の資料は数少ないが、胴上げが中止と再開の繰り返しだったことは確かだ。約 30 年や約 45 年もの間、胴上げが行われていなかったという主張は間違っていることになる。

2.　胴上げの復活

　月刊誌『相撲』（平成 16 年 6 月号）に「約 30 年ぶりの手打ち式　胴上げの復活！」と銘打って、胴上げの写真と共に次のような記事が掲載されている。[3]

　「あなたは毎場所千秋楽、優勝や三賞の表彰式次第が終わった後、廻しをつけた当場所の新弟子たち（出世力士）が土俵に上り、お神酒を回した後、呼出しの拍子木に合わせて、三三七拍子の手打ちを行う『出世力士手打ち式』をご存じだろうか。（中略）。

　この儀式の本来の意味は、初日前日に土俵祭を行って土俵に降りてきていただいた神様に、天に帰っていただくということ。そのため相撲界では大昔から、千秋楽の最後の最後に、幕内優勝力士の一門の審判員（神のお使いに見立てる）を胴上げすることによって、その意を表してきたのである。ところがこの儀式も、実を言うと、様々な事情から、ここ 30 年ほど、"略式"のまま過ごされてきた。つまり新弟子たちには審判員が重すぎたり、新弟子の数が少なかったりしたこともあって、この胴上げが知らぬ間に略されていたのだ。そしてそれからがなんと 30 年もの月日が経ったのだった。このままだと、神様を迎えるばかりであとは知らぬ顔という、情けない話になってしまう

---

3)　この新聞記事の見出し「約 30 年ぶりの手打ち式」にあるように、30 年前、つまり昭和 49 年（1974）までには胴上げがあったに違いない。それが継続して行われていたか、散発的に行われていたかは記事には言及されていない。

……。

　相撲協会では、よりよい相撲をファンに提供するために、いろいろな角度から努力しているが、今場所からこの相撲の伝統の根幹に関わる儀式を復活させた。こういう文化を伝承しようという情熱こそ国技の明日につながるもの。その心意気を買い、来場所以降、ご用とお急ぎでない方は、由緒ある伝統儀式をごゆっくりご鑑賞ください。

　この復活胴上げ式を記者席で静かに、やさしいまなざしで見守る人がいた。相撲教習所で新弟子の教育に打ち込んでいる大山親方（元幕内大飛）である。数年前から情熱を傾けて提案してきた主張のひとつがついに受け入れられたというよりも、力士たちに伝統相撲界の誇りを持たせることができるようになったことが何よりもうれしいという風情だった……。」(p.12)

　千秋楽の最後に行われる「手打ち式」で約30年検査役の胴上げを中止していたが、それを復活させたという記事である。手打ち式そのものはずっと続いていたが、三本締めの後で行う「胴上げ」を約30年も中止していたというのである。実は、胴上げは平成16年までも散発的に行われていた。約30年間、胴上げが一切中止だったということはない。

　本場所は年間6回あり、特に大阪場所では他の場所より多く胴上げが行われている。昭和16年5月場所後は常にどの場所でも胴上げをするようになったという意味では、この年月は記念すべき年月である。実際、この場所から現在まで胴上げは続いている。

　ちなみに、取組表に「神送りの儀式」が記載され出したのは平成16年9月である。行司・木村元基を胴上げしたのが7月場所だから、その次の場所ということになる。[4]

---

　4) これは40代式守伊之助に教えてもらった。「神送り」という言葉が脚光を浴びるようになったのは、一つには「神送りの儀式」が「手打ち式」と共に記載され、別々の儀式となったからであり、もう一つは胴上げそのものが「神送り」を象徴する動作として注目されるようになったからである。それまでも行司の胴上げは

3.　神送りの儀式の手順

　内館牧子著『女はなぜ土俵に上がれないのか』（2006〈平成 18 年〉）では、現在の「神送りの儀式」の様子を次のようにまとめている。

「(1) すべてが終わった土俵上に、立呼出しが水桶を二基運びこみ、その上に三方を置く。三方には神酒の入った瓶子が載っている。

(2) 勝負審判五名、前相撲の行司、前相撲力士（新弟子で、次の本場所から番付に初めて名が載る力士）が土俵にあがり、円く並ぶ。

(3) 幕内格行司が、御幣一本を持って土俵にあがる。この御幣は土俵祭で神を乗り移らせたもので、行司部屋に祀られていた三本のうちの一本である。

(4) 円く並んだ勝負審判、行司、出世力士に、立呼出しが神酒を注ぎ、盃が回る。

(5) 立呼出しの柝に合わせ、土俵上の全員で三本締め。

(6) 御幣を持つ行司を、出世力士全員で胴上げする。」(p.188)

　この記述の（3）に御幣 1 本を持って土俵に上がるのは「幕内行司」とあるが、これは 2006 年（平成 16 年）でも正しくない。というのは、平成 16 年以降、胴上げされる行司はずっと土俵祭で脇行司を務める十両行司だからである。三本締めまでは序ノ口行司か序二段行司が務めているが、[5] 胴上げの場合は十両行司である。[6]

　あったが、「神送り」という言葉はあまり使われず、審判委員の胴上げも神を見送る儀式という認識はあまりなかった。

5)　土俵祭の脇行司は幕内行司と十両行司で、神送り儀式にはその十両行司が務める。最初の行司は木村元基だったが、それ以降ずっと十両行司が務めている。元基さんによると、これは行司会が決めたことだという。

6)　三本締めまでの行司が序ノ口行司と序二段行司が順番に務めるという。これは木村元基に教えてもらった。

御幣を抱いた行司を胴上げするのは、基本的に出世力士だが、人数が少ないときは土俵上にいる呼出し、審判委員、若者頭なども一緒になって手伝っている。以前は出世力士だけで胴上げしていたが、人数が少なくなってから他の参列者も手伝うようになっている。お神酒を注いだり柝を打ったりする呼出しは基本的に「立呼出し」だが、その呼出しが不在の時は上位呼出しが代わりを務めている[7]。

内館牧子著『女はなぜ土俵に上がれないのか』（2006）には、神送りの儀式の中止と復活について、「四十五年間の中断」という小見出しの中で次のように書いている[8]。

> 「神送りは結界を解く儀式でもある。神迎えと対になっている大切な儀式なのだが、相撲界ではこの神送りを、1957 年（昭和 32 年）と限りに中止していた。その頃は胴上げされるのは勝負審判の親方であったそうだが、昭和 32 年に胴上げで親方を落としてしまい、以来、やめていた。
>
> 　ところが、迎えた神は送らねばならないという声が、協会の中でも大きくなり、2003 年（平成 15 年）5 月場所から復活した。復活当初は親方が胴上げされていたが、現在は行司であり、（後略）」（p.189）

---

7) 現在は立呼出二人が不在なので、上位呼出し二人が責任者として務めている。呼出しの場合、手打ち式と神送りの儀式では上位二人が責任者として務めることになっている。これは行司・木村悟志を介して呼出し・利樹之丞（高砂部屋）に教えてもらった。立呼出しが一人の場合はもう一人の立呼出しと三役呼出し筆頭の一人が務めるそうだ。

8) 同じ考えは同著者の『大相撲の不思議』（2018〈平成 30 年〉）の「復活した行司の胴上げ」（pp.52-5）にも述べられている。ここでも「私は 45 年間も中断していたものを復活させる力に驚かされる。相撲界は時間の流れ方が、現代とは違う。そこが不思議であり、魅力である。」（pp.54-5）とある。これは相撲界の時間の流れが悠長であることを強調しているが、それは著者の捉え方なのでまったく問題ない。本章で指摘したいのは、胴上げの再開は約 30 年や約 45 年ぶりではなかったということだけである。

　この記述によれば、昭和 32 年に胴上げが中止になり、平成 15 年 5 月場所で復活している。昭和 32 年に中止になったという記述は確かかもしれないが、その後 45 年間も胴上げが中止になっていたことは間違っている。[9] 中止になった理由は親方を落としたことによるかもしれない。実際に、32 年に親方の胴上げが中止になったかを文献で調べてみたが、それを見つけられなかった。そういう資料はどこかに埋もれているかもしれない。実は、昭和 32 年初場所（1 月）には胴上げをしている。それは『大相撲画報』（第 9 号、昭和 32 年春場所〈3 月〉展望号、朝日出版社、p.28）で確認できる。そこでは、胴上げしている光景の写真が掲載されている。もし昭和 32 年に胴上げが中止になっていたら、初場所以外の場所で始まったことになる。

　それから復活した年月を平成 15 年 5 月場所と書いてあるが、これは正しくない。復活したのはその 1 年後の平成 16 年 5 月場所である。これは『相撲』（平成 16 年 6 月号）の「約 30 年ぶりの手打ち式　胴上げ復活」という記事で確認できる。それには君ヶ濱審判員（元関脇北瀬海、高砂一門）が胴上げされている写真が掲載されている。

昭和 32 年から平成 16 年 5 月まで胴上げは中止になっていたかもしれないと私も思っていたが、行司さんたちと語り合っているうちに、その間にも胴上げの記憶があるという行司が何人もいたのである。横審まで勤めた内館さんの著書に間違いはないはずだと思いながらも、行司さんたちは当事者であるし、記憶があいまいでもなさそうなのである。どちらかが間違っているようだと思い、昭和 32 年から平成 16 年 5 月までの胴上げを中

---

9)　先述したように、『相撲』（平成 16 年 6 月号）には胴上げは「約 30 年ぶり」に胴上げを復活したとある。それが正しければ、昭和 49 年頃には胴上げはあったことになる。ところが、この著書ではそれより 17 年前から胴上げは中止されている。そうなると、新聞記事と内館著のいずれかが事実を正しく書いていないことになる。それを糺すには胴上げの有無を示す事実を確認するしかない。本章の調査によると、新聞記事の「約 30 年ぶり」も内館著の「約 45 年ぶり」も事実誤認をしている。なぜ間違った記述になったかを推測すると、散発的な胴上げに気づかず、誰かの誤った記憶に基づいて書いたからであろう。

心に調べてみることにした。その結果、散発的ではあるが、胴上げは頻繁に行われていたことがわかった。

　内館氏は相撲関係者の記憶に基づいて著書を著わしているはずなので、やはり関係者の記憶に誤りがあったようだ。それをうのみにしてしまったために、事実に反することを書いてしまったのだろう。そういうことは過去のことを調べていると、ときどきある。私もそういう経験をしている。やはり文献を調べていくと、思いもよらぬ事実を発見し、びっくりすることがある。内館牧子著『女はなぜ土俵にあがれないのか』と『大相撲の不思議』には確かに相撲の奥深さをたくさん指摘してあるが、胴上げに関する中止と再開に関しては間違っている。

4. 胴上げの中止と再開

　胴上げは中止になることもあれば、そうでないこともある。その実態を資料から調べたが、それを記述してあるものが少ないため、細かい年月はわからないことが多かった。わかったことは、中止や復活が散発的だったことである。昭和 32 年以降を中心に調べたが、それ以前の資料もたまたま見つかったので、それも示してある。文字資料の場合、出版年に注目したが、その当時、実際に胴上げがあったかどうかの確証はない。[10] どの場所で胴上げがあったかを確認できる証拠が提示されていないからである。

(1)　昭和 22 年（1947）秋場所、胴上げしていない。伊藤八郎筆「割りが語る 20 年　その②」（『土俵錦』17 号、発行・四柱会、昭和 40 年 12 月[11]）。

---

10)　これは確認できる証拠や資料がないことから、確かに問題である。実際、著者は間違った記憶に基づいて著わしていたかも知れないからである。そういう問題がることを承知したうえで、胴上げの有無が記されていれば、その出版年を重視することにした。しかし、前後の文脈で胴上げの年月がかなり明確であれば、その年月を記すことにした。

11)　戦後は取組表に手打ち式の記載をしてありながら、実際にはそれを行わなかっ

「羽黒山の優勝だったが、当時の表彰式は君ケ代もやらず、賞品も少なく淋しいものだった。割の次第には手打ちとなっているが、手打式はやらなかった。」(p.9)

　この日の割（取組表：本章注）には手打ち式のことは記載されていたが、実際には行っていない。その理由ははっきりしない。出世力士の人数が少なかったからかもしれないし、時代的に余裕などなかったからかもしれない。背に腹は代えられないと言ったところだろうか。

(2)　昭和 27 年（1952）1 月、彦山光三著『相撲読本』(p.80)。
　　三本締めで手打ち式を終了している。勝負検査役の胴上げをしていない。彦山氏は相撲や土俵の宗教的側面を極端に強調する方であるにもかかわらず、「胴上げ」について何も触れていないことから、当時は胴上げを中止していたかもしれない。

(3)　昭和 32 年（1957）3 月、『大相撲画報』第 9 号（昭和 32 年春場所展望号）、朝日出版社。
　　出世力士たちが年寄（検査役）を胴上げしている光景の写真掲載あり (p.28)。検査役は御幣を手に持っている。
　　写真は初場所（1 月）の胴上げ光景かもしれない。写真の正確な年月はわからない。初場所でなければ 31 年のいずれかの場所かもしれない。四本柱がないことから、昭和 27 年 9 月場所以降であることは確かだ。

たことが何場所かあったかもしれない。当時は戦後の混乱もあり、経済的にも貧しかったからである。おそらく、力士志願者も少なかったに違いない。本場所を開催する場所さえ定まっていなかった。そういう時代的背景を考慮すれば、本場所を開催しただけでも驚きに値する。取組表に「手打ち式」を記載し、伝統の維持に努めていることを知るだけでも、相撲関係者の相撲に対する情熱のすごさを感じる。

(4)　昭和 32（1957）年、胴上げ（審判委員）中止。内館牧子著『女は
　　なぜ土俵にあがれないのか』〈p.189〉）／内館著『大相撲の不思議』
　　〈p.54〉）。
　　　どの資料に基づいて、この年になっているかはわからない。最後の
　　胴上げをした本場所や年月を確認できる資料がどこかで見つかるかも
　　しれない。

(5)　昭和 34 年（1959）7 月、名古屋場所で胴上げしている。『大相撲秋
　　場所』（サンデー毎日別冊、昭和 34 年 9 月号）の口絵。
　　　胴上げして写真が掲載されている。キャプションに「秋場所から番
　　付にのる喜びに胸はずませて　ゴヘイを手に胴上げされる高田川検査
　　役も　うれしいやら　痛いやら」とある。

(6)　昭和 43 年（1968）3 月、大阪場所で胴上げがあった。大山進親方
　　自身が入門時に胴上げをしている[12]。
　　　胴上げされる親方が「落とすなよ」と言ったことを覚えていると語
　　っていた（令和 2 年 11 月 17 日）。

(7)　昭和 46（1971）年 7 月、審判委員の胴上げをしている。博物館の

---

12)　36 代木村庄之助著『大相撲　行司さんのちょっといい話』（平成 26 年）に「私
　　も若い頃には、胴上げされた経験があります」（p.137）とある。親方本人に確認
　　すると、序二段か三段目あたり（昭和 41 年から 45 年 7 月）にその経験があるが、
　　正確な「格」、年月、場所の記憶がないという。当時は裸足行司を胴上げするこ
　　とがあったそうだ。正確な年月がはっきりしないので、資料として提示できない
　　が、40 年代に胴上げがあったことは確実である。十両行司の胴上げになったのは
　　平成 16 年 9 月であり、それ以前に経験している。ちなみに、29 代木村庄之助も
　　検査役を胴上げしていたころ、代わりに若い行司（裸足行司）を胴上げすること
　　があったというお話をしていたが、36 代木村庄之助の胴上げはその話と符合する
　　ところがある。

メモによる。その出典を改めて尋ねると、わからないという返答だった。

(8)　昭和49年（1974）7月、『国技相撲のすべて』（別冊『相撲』夏季号）。

「（前略）一同手を打ってしめる。」（p.154）。つまり、胴上げをしていない。

(9)　昭和50年3月、胴上げしている。40代式守伊之助の初土俵の頃の記憶に基づく。文字資料や映像資料の確認はできていない。

(10)　昭和52年（1977）7月、学研『大相撲』（p.253）[13]。

二枚の胴上げシーンが映った写真が掲載されてあり、それぞれに「出世力士による手打ち式」と「胴上げされる審判委員」のキャプションがある。写真から正確な年月を割り出せるかもしれないが、私にはその知識がない。次のような説明文がある。

「すべての行事の終った最後に見られる出世力士（翌場所番付に名前がのる）たちによる手打ち式と胴上げに、しみじみとした千秋楽の哀歓を感じることができる。若者たちが、勝負を見てもらった検査役（現審判委員）の一人を胴上げする光景には、いかにも若い力士らしい乱暴な感動がある。むかしかわらぬ千秋楽の詩である。」（p.253）

これを読む限り、胴上げは継続している。しかし、52年あるいはその前年の51年、胴上げが継続していたかどうかは、資料ではまだ確認していない。いつ頃からかははっきりしないが、出世力士数の増減で胴上げを

---

13)　現役の木村容堂（三役）は昭和52年11月に初土俵を踏んでいるので、当時、親方を胴上げした記憶がないかを尋ねてみると、「記憶はある」とお話ししていた。残念ながら、具体的な年月は記憶していなかった。昭和52年頃、胴上げがあった可能性は高い。

中止や再開があったらしい。[14]

（11）昭和54年（1979）10月、『昭和大相撲史』（別冊1億人の昭和史）、
　　　毎日新聞社。

　　　「（前略）一同手を打ってしめる。」（p.78）。つまり、胴上げをしてい
　　　ない。[15]

（12）昭和55年（1980）2月、『古今大相撲事典』（読売新聞『大相撲』
　　　臨時増刊号）。

　　　「（前略）呼出しの音頭で、一同手を打ってしめる。」（p.205）。つまり、
　　　胴上げをしていない。

（13）昭和55年（1980）5月、胴上げをやっている。個人撮影の映像に
　　　基づく。
　　　　春場所以外でも胴上げが見られる。

（14）昭和58年（1983）3月（春場所）、審判委員の胴上げがあった。個
　　　人所蔵の映像に基づく。

14）　本章では胴上げが約45年や30年ぶりに行われてことが真実かどうかを調べる
　　ことにあった。調べているうちに、胴上げの有無は出世力士数と関係があること
　　がわかってきた。しかし、それを実証するにはその数や胴上げの有無を丹念に調
　　べる必要がある。これにはかなりの労力がいることから、本章では調べることを
　　断念している。

15）　現役の木村庄太郎（三役）は昭和54年9月の初土俵だが、当時、親方を胴上
　　げしたという記憶はあるがそれを実際には見ていない。木村晃之助（三役）は昭
　　和56年5月の初土俵だが、親方を胴上げしていたかどうかはわからないと語っ
　　ていた。木村寿之助（幕内）は昭和58年3月の初土俵だが、審判の胴上げを見
　　ていない。平成16年以前は、三本締めの後、若手の行司はすぐ土俵を下りてい
　　るので、胴上げを実際に見ていないらしい。

　　出世力士 96 人全員土俵に上がっている。土俵いっぱいに円形に整
　列すると、お神酒は省略し、呼出しの柝の音と共に全員が三本締めを
　している。その後、前方にいる出世力士が審判委員を胴上げしている。
　審判委員は御幣を高々と宙に向けている。映像の中で「本当に胴上げ
　を見るのは久しぶりです」という趣旨のことを解説者（神風の声）が
　アナウンサーに向かって語っているので、それまでしばらく胴上げが
　行われていなかったことがわかる。東京場所や地方場所（大阪を除く）
　では昭和 57 年頃、胴上げは行われていなかったかもしれない。

(15)　昭和 59 年 3 月。大阪場所で胴上げがあった。湊孝行師匠（湊部屋）
　　の記憶に基づく。
　　　木村亮輔を介して確認した。

(16)　昭和 60 年（1985）2 月、『新・古今大相撲事典』（両国国技館開館
　　記念号、読売新聞）。

　　「（前略）呼出しの音頭で一同手を打ってしめる。」（p.189）。つまり、
　　胴上げしていない。

(17)　昭和 60 年（1985）3 月、胴上げを実際に見ている。個人の観戦記
　　憶に基づく。
　　　他の資料ではまだ確認していない。

(18)　昭和 61 年（1986）5 月、尾川正己著『相撲一途』（樋口プリント社、
　　2002）。

　　「手打ち式は緊張の中、あわただしく終わり、どういう所作をしたか
　　とか、どの親方を胴上げしたか等、思い出せません。その夜の打ち上
　　げは、（後略）」（p.13）。

千秋楽の手打ち式に胴上げがあったことを述べている。著者の尾川氏は元炎王、三段目、昭和61年5月に入門し、平成2年に4月に廃業している。番付では平成2年5月に西序二段88枚目で記載されている。

(19) 平成元年（1989）6月、VANVAN（p.76）で胴上げの写真が掲載されている。

記事の見出しは「新弟子が千秋楽に、審判の胴上げをするそうですが」とあり、雑誌読者からの問いかけになっている。胴上げをしている写真があり、そのキャプションに「新弟子が多い場所はいまでも（胴上げを：本章注）行っている」とある。

キャプションの言葉遣いから、少なくとも昭和の終わりごろ（61年から64年のあいだ）には胴上げを行っていたかもしれない。春場所は新弟子の数が比較的多いので、胴上げを行う可能性は高い。[16]

(20) 平成4年（1992）7月、窪寺紘一著『日本相撲大鑑』。[17]

「（前略）出世力士たちが審判委員・若者頭などと円陣を組み、お神酒を飲み、手を締めたあと親方を胴上げする。（後略）」（pp.243-4）

この胴上げがどの場所だったのか、必ずしもはっきりしない。平成4年当時、胴上げがあったことを確認できる資料はまだ見つかっていない。

---

16) 本章で示してある胴上げの事例以外にまだ見つかる可能性がある。手打ち式は6時過ぎに行われることが多いので、NHKの映像では見つからないかもしれない。個人が撮影した映像か相撲の雑誌や本などが可能性としては高い。

17) 同じ平成4年（1992）発行の『図録「日本相撲史」総覧』（吉成勇編、新人物往来社）の「相撲用語・隠語事典」では胴上げをしていない（p.233）。文献によって胴上げの有無が異なる。どちらが正しいかは実際に行われていたかどうかを確認できる資料になるが、今のところ、平成4年の資料が見つからない。

(21) 平成 7 年（1995）9 月、澤田一矢（編）『大相撲の事典』（東京堂出版）や平成 8 年 11 月、『国技相撲のすべて』（別冊『相撲』秋季号）。

「（省略）呼出しの音頭で一同が手を打ってしめる」とある。

　これに反し、平成 8 年頃にも胴上げがあったことを示唆する論考がある。平井直房筆「土俵祭」（『悠久』、平成 11 年発行）に「御幣を持つ検査役を一同で胴上げして終る」（p.59）とある。その論考の末尾に「付記」として、次のような記述がある。

「本稿の執筆に当り、財団法人日本相撲協会から、相撲博物館を通じて多大のご教示にあずかり、平成 8 年 1 月場所以来、数次に亘り土俵祭の参観をも許可いただいた。また 28 代木村庄之助（本名、後藤悟）氏には、ご多忙の中を平成 8 年 7 月 1 日、相撲博物館において長時間種々貴重なご指導を賜った。」（p.60）

　論考発表は平成 11 年 9 月だが、その準備は平成 8 年 1 月に始まっている。平成 8 年頃の土俵祭や手打ち式についてまとめてあることから、その当時、検査役（実際は審判委員）の胴上げを見ていたに違いない。これが正しい推測であれば、平成 8 年には胴上げがあったことになる。
　それでは、『大相撲の事典』や『国技相撲のすべて』の記述はどう理解すればよいだろうか。どちらも真実を書いているかもしれない。本場所によって胴上げすることもあれば、そうでないことがあったかもしれない。真相は不明である。本章では、平井氏の論考は正しいと判断している。長いあいだ、どの場所でも中止していたなら、それを再開させたほうがよいと考えたのではないだろうか。

(22) 平成 13 年（2001）9 月から平成 16 年は胴上げをしていない。

これは行司・木村亮輔（幕下行司）が語っていたことである。亮輔さんは平成13年9月に初土俵を踏んでいるが、それから平成16年5月まで胴上げをしていないそうだ（令和2年10月27日語る）。

（23）平成16（2004）年5月、胴上げしている、『相撲』（平成16年6月号）。
　審判委員の君ヶ濱（元関脇北瀬海、高砂部屋）を胴上げしている。この雑誌の「角界ニュース」には「出世力士の手打ち式は、新弟子が2人しかいなかったため、胴上げに呼出しも加わり、十枚目行司・木村元基を胴上げした」とある。
　同じ胴上げに関しては、『朝日新聞』（2004年5月24日）の「ハーフタイム」欄にも
　「大相撲夏場所千秋楽の二三日、二十数年ぶりに新序出世力士による胴上げが復活した」とある。写真も掲載されている。やはり20数年ぶりに復活したと書いてある。

（24）平成29年（2017）の『大相撲力士名鑑』（ベースボール・マガジン社）。
　平成16年5月は親方、7月から行司を胴上げしているのに、この『大相撲力士名鑑』では平成28年まで三本締めで手打ち式が終わっている。信頼すべき本であるのに、「相撲用語集」の中では約12年間も事実を正しく書いていない。この用語集だけを頼りにしていると、胴上げに関する事実を間違って捉えてしまう。[18]

　もちろん、ここに取り上げていない資料はたくさん埋もれている。もっと丹念に調べれば、もっと詳細な年月がわかるはずだ。提示した資料の中

18）胴上げに関してはこの本だけでなく、他の本にも事実を正しく反映していない危惧がある。やはり一つの本だけでなく、他の資料なども参照して、事実を正しく書いてあるかを確認すべきである。これを強調したいために、例として『大相撲力士名鑑』を示した。私はこの本をよく参照しているので、誤りがあるとはまったく疑っていなかった。平成29年になって初めて、胴上げに関する項目は正しい記述になったのである。その誤った記述の期間が長すぎることに驚いた。

には個人的な観察に基づくものもあるが、それを排除したとしても、昭和 32 年から平成 16 年まで胴上げは散発的に中止したり再開したりしていた。また、平成 16 年の胴上げが約 30 年振りだという『相撲』（平成 16 年 6 月号）の記事も事実を正しく捉えていない。

5.　現在の手打ち式の順序

　新序出世披露を受けた新弟子は、次の場所から番付に載る。そういう新弟子を「出世力士」と呼ぶ。この儀式に参列するのは、主として、出世力士、審判委員、若者頭である。参列する人数に決まりはないそうだ。呼出しが世話役として働いている。土俵上にもいるし、土俵下にもいる。儀式の挙行中、土俵下で一般観客も見守っている。審判委員は紋付き袴の装束で、若者頭は背広姿である。

（1）　呼出しが二基の水桶上部の蓋を絞めて板状にし、その上にお神酒の入った瓶子（徳利）2 本と杯（かわらけと呼んでいる）を置く。この急ごしらえの用具を便宜的に「水桶台」と呼ぶことにする。行司部屋から持ってきた御幣 1 本を水桶台に立てる。その幣は呼出しが立てる。

---

19)　手打ち式と神送りの儀式では主として上位の呼出しが世話役になっている。現在、立呼出しはいないので、三役呼出しの上位二人が務めている。したがって、お神酒を注いだり、三本締めで柝を打ったりするのもその上位呼出しである。

20)　最後の審判委員は 5 名なので、全員が参加したとしても 5 名である。以前は優勝力士の一門の審判委員を胴上げしたようだが、現在は一番年下の審判委員らしい。打ち出し後は部屋の仕事やパーティなどがあるため、審判委員全員が参加することは大変らしい。

21)　水桶の上に瓶子 2 本とかわらけを置いた急ごしらえの置物の名前を行司や呼出しに尋ねたが、特定の呼称はないという。幣を水桶の側面に立てるので、本章では便宜的に「水桶台」と呼ぶことにする。

22)　行司部屋の神棚には基本的に御幣 3 本が立ててあり、その 1 本が手打ち式では使われる。少なくとも 1 本は神棚に立ててあるが、他の 2 本の扱いは土俵祭連絡係の判断に任せてあるそうだ。茶箪笥の上に置いてあったり、袋の中に入れて片

現在、その幣は千秋楽の朝に呼出しに手渡しておくそうだ。呼出しは呼出し控室に管理し、手打ち式場に持っていくこともある。以前は、土俵祭の脇行司（十両）が幣を手打ち式場まで持っていくこともあったし、呼び出しが行司部屋まで御幣を取りに来ることもあったという。誰が御幣を土俵に持っていくかは特に決まっていないそうだ。御幣の扱いについては、これといった決まりはない²³⁾。要は、神棚にあった御幣が手打ち式場にあればよいのである²⁴⁾。

(2)　参列者は西の花道から進み、普通、向正面の赤房寄りの踏み俵から土俵に上がるが、東の赤房寄りの踏み俵から上がるものもいる。上がる踏み俵は定まっていない。上がりやすい踏み俵から上がると言ったほうがよいかもしれない。

(3)　花道では行司が先頭に並んだり、審判委員が先頭に並んだりしている。並ぶ順序の決まりはない。幕内・十両土俵入りのように、整然と

　　隅に置いてあったりするという。現在、3本の幣は基本的に行司部屋の神棚に立てているが、そのようになったのは昔からそうだったわけでもなさそうである。29代木村庄之助によると、年月ははっきりしないが、優勝トロフィーを収めてあるガラスケースの中に幣を立ててあったこともあるという。いつから行司部屋の神棚に幣3本を立てるようになったかは調べてみる必要があるかもしれない。

23)　土俵祭連絡係をしている木村亮輔（幕下）によると、現在、神棚に立ててあった幣1本は当日（日曜日）の朝、徳利やかわらけと一緒に呼出しに手渡しておくという。千秋楽は行司も呼出しも忙しいので、式場の準備がしやすいかららしい。呼出しの部屋には神棚はないので、適当な場所に置いておくことになる。したがって、千秋楽当日は、行司部屋の神棚には他の幣2本が立ててあることになる。お神酒、徳利、かわらけなどの準備をするのも土俵祭連絡係の行司だが、通常、木曜日に行うそうだ。普段は国技館の倉庫に保管している。なお、土俵祭連絡係は5、6年から7、8年の間隔で交代するという。これらのことは木村元基と木村亮輔に教わった。

24)　式場（土俵場）では現在、御幣1本だが、2本や3本あってもよいかもしれない。相撲の神様は三神であり、依り代としての御幣は3本だからである。1本にしているのは3本の代表として捉えているからであろう。

した順序付けはない。しかし、並ぶ順序に決まりがないと言っても、出世力士が先頭になることはないそうだ。その場の雰囲気を見て、若者頭が指示した並び方になっているようだ。

(4)　参列者は基本的に水桶台と行司を起点に、両側に円形を作って並ぶ。行司が中心にいると言ってもよい。

(5)　若い行司は水桶台の前で立っている。水桶台には御幣が立ててある。胴上げのとき、行司はそれを胸の近くに抱く。

(6)　参列者が並び終わる頃、呼出し二人は二手に分かれて、それぞれお神酒を回す準備をする。お神酒を行司に注ぐ前に、呼出し二人は徳利のお神酒をほんの少し混ぜ合わせる[25]。これは土俵祭でも行われている。

(7)　呼出しは行司にお神酒を二つのかわらけに注ぐ。その際、行司は右手を左手の上にし、両手を交差している。その状態で両手にかわらけを持ち、それに呼出しがお神酒を注ぐ[26]。

---

25)　なぜ徳利のお神酒を混ぜ合わすのかははっきりしないが、一つの考えとしては、易の「陰陽和順の理」を象徴しているのかもしれないという。陰と陽が調和して平穏を維持するということらしい。これが正しい理解がどうかはわからない。お神酒を混ぜる所作は土俵祭でも行われており、同じ意味合いがあるようだ。

26)　なぜ両手を交差するかははっきりしないが、一つの考えとしては、これまでは東と西に分かれて競い合ったが、これからは仲良くやっていこうという「和の精神」を表現しているかもしれないという。以前は、取組の際、東方の力士は西方で水をつけ、西方の力士は東方で水をつけるということもあった。それと同じ意味合いかもしれないという。実際のところ、その意味付けは推論の域を出ない。もう一つの見方として、両手を交差すると、お神酒を注ぎやすいし、かわらけを回しやすいからという。これが真実に近いかどうかはわからない。ちなみに、土俵祭では両手を交差する所作は見られない。お神酒の混ぜ合わせと両手の交差については、長い伝統があるので、文献の中に何か言及されているはずだと思い、

(8)　行司は最初に右手のかわらけを口に持っていく。口にした後、その
　　　かわらけを呼出しに返す。行司によっては右側の出世力士に直接渡す
　　　こともある。続いて、左手のかわらけを口に持っていく。口にした後、
　　　そのかわらけを呼出しに返す。行司によっては左側の出世力士に直接
　　　渡すこともある。

(9)　呼出しは左右の最初の出世力士にかわらけを渡し、お神酒を注ぐ。
　　　出世力士はお神酒を口にする。普通、口を拭くための紙はない。令和
　　　2 年 3 月場所では、新型コロナウイルスの感染防止のため、行司だけ
　　　が代表してお神酒を口に持っていった。口に近づけるだけで、お神酒
　　　は飲まなかった。したがって、他の参列者はお神酒を飲まなかった。
　　　かわらけを回す仕草さえ、しなかった。かわらけを回すことを省略し
　　　たと言ってもよい。行司がお神酒を飲む仕草を終えると、直後に全員
　　　が三本締めに入ったのである。

(10)　参列者全員にお神酒を注ぎ終えると、呼出しは水桶台に戻る。（こ
　　　れは平成 20 年 3 月場所では省略されている。）

(11)　呼出しの音頭で土俵上の参列者だけでなく、土俵下で見守っている
　　　関係者や観客も三本締めをする。土俵上の呼出し 2 人の柝の音と三本
　　　締めの手拍子が調和して、和やかである。

(12)　三本締めが終わると、水桶台の前にいた若い行司は土俵を下りる。
　　　基本的には支度部屋へ戻ることになるが、必ずしもそこへ行く必要は
　　　ない。土俵を下りたら、行司部屋に戻ってもよいのである。

(13)　行司の胴上げのため、呼出しが水桶台などを素早く片付ける。この

　　　調べてみたが、その幸運に恵まれなかった。

行司は手打ち式には参加しない。胴上げに間に合うように手打ち式の中途に土俵下まで来て待機している。

(14) 土俵下で待機していた行司が土俵に上がり、水桶台に立ててあった幣を胸の前あたりに抱く。その幣は呼出しが行司に手渡す。

(15) 行司を三度胴上げする。出世力士が多い場合はその力士たちだけで行司を胴上げするが、少ない場合は呼出しや審判委員や若者頭も加わる。胴上げするときは、「よいしょ、よいしょ」というような合唱音が聞こえる。平成29年5月場所では三度目の胴上げのとき、行司を支えきれずに地面に落としている。行司の体をしっかり支えられず、軽く尻から落としたという印象だった。

(16) 胴上げが済むと、儀式は終了する。

(17) 参列者は西の花道に下がる。下りる順序や踏み俵は決まっていない。南の赤房下近くの踏み俵から降りる人もいれば、東の赤房下近くの踏み俵から降りる人もいる。行司も西の中央の踏み俵から降り、控室の方へ向かうこともある。下りる踏み俵が一カ所と定まっているわけではないので、土俵の下り方は整然としていない。

　大体、この順序で進行するが、必ずしも整然としているわけではない。特に土俵の上り下りではそれが顕著である。審判委員の数が常に一定しないのを見ると、人数に関係なく、一人でも参加すればよいということかもしれない。
　なお、儀式終了後、呼出しが「鎮め物」を掘り起こす。鎮め物はビニール袋に詰めてあり、後で呼出しが行司部屋に持っていく。それを管理するのは、土俵祭連絡係である。現在、その係は木村亮輔と木村悟志の2名で

ある。

6. 手打ち式の差異

　明治以降、手打ち式がどのように行われていたかをいくつか見ていこう。相撲が無事に終了したことを神に感謝すると同時に出世力士がこれから相撲に精進することを祝うことに変わりはないが、式の様相は少しずつ変化していることも事実である。ここでは、文献で見つけたものをいくつか提示する。

（1）　三木・山田編『相撲大観』（明治 35 年）。

　小見出し「千秋楽の土俵祭り」の中で、次のように書いている。

　「三役の結び相撲が終わって、弓取りの式が済むと同時に、本中に出世した力士に、若者頭が付き添って、大勢土俵へ現れ、東西および行司溜りの土俵を 1 俵ずつ土俵の中央へ積み重ね、それへ四幣（御幣：本章注）を建て、東西の水桶を並べ、やがて行司が来りて、東西の力士に盃をもって水を酌み交わさせ、親睦を厚くする儀式を挙行し、それより手拍子を打って勧進元を祝す。ところで勧進元は四幣をつかん

---

27)　それ以前は木村要之助と木村銀治郎だった。次の係は前任者の指名で決めるという。普通、一人が辞めても、一人は残っている。二人一緒に新しい係にならないようにしているらしい。

28)　行司仲間では「御幣」のことを「四幣」と呼んでいるという。これは木村亮輔に教えてもらった。本章では御幣と四幣を両方とも同義で使用している。他に「幣串」も使われているが、本章ではそれを使っていない。最近でも水桶は 2 本の俵の上に置くこともあったが、俵に置かず土俵の上にじかに置いている。過去には水桶を 3 基置くこともあったようだ。これは錦絵「勧進大相撲繁栄之図」（国輝画、慶応 2 年 2 月）の一コマ「千穐楽手打之図」（『江戸相撲錦絵』〈pp.149-51〉、昭和 61 年〈1986〉1 月号）で見ることができる。

で、本中相撲の手車に乗るのを千秋楽の祝いとするのである。」(p.328)

　現在と大きく異なるのは、現在は廃止されている「本中」という新弟子の存在である。以前は前相撲と序ノ口の間に「本中」があり、本中で一定の勝ち星を挙げたものが「出世力士」となり、次場所から番付に序ノ口として記載された。現在は「本中」はないので、前相撲を取った力士が出世力士となる。

　もう一つは、勧進元を手車に乗せていることである。この「手車に乗せる」[29] をどう解釈すればよいだろうか。一つの解釈は、文字どおり、二人の人が腕を交互に組み、その上に人を載せることである。もう一つの解釈は、現在の形態と同じ胴上げをそのように表現したとすることである。前者の意味だとすれば、他の出世力士は何をしていたのかが気になる。手打ち式では出世力士全員が参列しているからである。後者の意味だとすれば、現在と同じ胴上げの形態を「手車に乗せる」という表現をするのだろうか。それが気になる。このように、どの意味が正しいのか断言できないが、本章では後者だとし、現在の形態で胴上げしていたと捉えることにする。

　二基の水桶を載せるのに俵を置くが、現在は二基を置くこともあるし、置かないこともある。過去の映像で見るかぎり、土俵の上に二基の水桶を

---

29) 『都新聞』（明治38年6月9日）の夏場所千秋楽の記事には現在と同じ形態の胴上げの絵図が掲載されている。また、『東京朝日新聞』（明治29年2月1日）の項「土俵のかずかず」には「一昨日の千秋楽には相撲取切しのち、序の口（ママ：本章注）加入の新力士惣出にて（ママ：本章注）土俵祭りの式（手打ち式：本章注）を行い、部屋頭勧進元代理者を胴揚げ（ママ：本章注）にしてめでたく打出しとなりぬ」とある。当時はやはり勧進元を胴上げしている。この二つの資料から察すれば、『相撲大観』（明治35年）の「手車に乗せる」は同じ形態の胴上げだったと見なしてよいかもしれない。29年と38年のあいだで異なる形態の胴上げがあったと考えるのは不自然である。一つの可能性としては、胴上げの形態は画一化されておらず、ときには少し変わった形態のものもあったかもしれない。それが『相撲大観』（明治35年）の表現になっているのかどうかはわからない。どちらの解釈が正しいはわからないが、本章では現在の同じ形態の胴上げだったと捉えている。

そのまま置いている。しかし、行司の中には以前と同じように2本の俵の上に水桶は置いていたというものもいた。いつから2本の俵を置かなくったかは調べていない。おそらく、つい最近のことだと推測している。現役行司が2本の俵を置いていたと語っていたからである。[30]

　この記述によれば、盃に注ぐのはお神酒ではなく、「水」になっている。[31]それが真実なら、いつからお神酒になったのかを調べる必要がある。本章ではそれを調べていない。さらに、お水を回すのは「親睦を厚くする儀式」だという。現在もその精神が受け継がれているかどうかはわからない。お神酒であれお水であれ、盃を回すのは昔からあり、おそらく「親睦」の意が含まれていることは確かであろう。

(2)　昭和27年（1952）1月、彦山光三著『相撲読本』。字句を少し変えてある。

　「（前略）その他の表彰式がすべて終わってから、土俵場上では『手打ち式』が行われる。その場所の勧進元や最後まで控えた検査長・検査役ややはりその場所『新序』に出世したひよっこ力士などが土俵に上って、内円土俵なり・輪形に並んで立つ。[32]

---

30)　行司・木村悟志（土俵祭世話係）によると、令和2年11月場所の手打ち式では水桶は土俵にじかにおいていたという。以前は俵2本の上に置くのが普通だったが、最近そのしきたりは守られていないようだ。

31)　現在、出世力士は法的には酒を飲む年齢に達していないはずなので、お神酒を飲むことは法律違反である。お神酒を口元に持っていく所作だけでなく、実際に口をつける力士もいるはずだ。伝統の維持と法律の厳守という関係はかなり微妙な問題である。明治時代の『相撲大観』に「水」を使っていたが記述されていたことを知り、現在でも「お神酒」を避けてもよいのではないかという考えが一瞬頭をよぎった。

32)　勧進元は昭和19年1月まで使われている。その後は使われていない。勝負検査役は明治30年5月から昭和43年1月まで使われ、その後は勝負審判委員が使われている。勧進元をいつまで胴上げしたのかはまだ調べていない。また、勝負検査役をいつ胴上げするようになったかも調べていない。勧進元や検査役がいつ

　古参の呼出しはその前、土俵の一部二俵を外して場の中央正面より
に並べ、東西の水桶をその上へ置き、双方の蓋の上へ神酒徳利を立て
た三宝を備え、青柱の幣を下ろして桶の前面—行司溜まり側へ立てか
ける。ついで徳利の神酒を東西入れ合わせ、まず検査長から頂いて、
杯を全部に回す。回り終わったところで呼出しが『ようい』と音頭を
とり、一同手を打って『しめ』る。この拍手は呼出しのちょんちょん
ちょんと打つ冴えかえった柝の音に諧和して、たとえようもない喜び
と感謝に満ちた、和やかな雰囲気を満場にみなぎらせる。この『手打
ち』によってめでたくその場所を打ち上げた、衷心の祝意を表すると
いうわけ。(打ち上げのことを千秋楽と唱えるのは、法会などのとき
に演ずる雅楽の一番終わりに、必ず『千秋楽』の曲を奏するのに基づ
く。)」(p.80)

　現在の手打ち式とほぼ同じ形式だが、大きな違いが一つある。それは水
桶台に「青柱の幣を下ろして」立てることである。現在は神棚にあった御
幣 3 本のうち 1 本を立てるが、この記述では青柱(東の柱)に括り付け
てあった御幣を立てている。四本柱は昭和 27 年 9 月に廃止になり、代わ
りに四房を吊るしているので、『相撲読本』の記述はその前年(つまり昭
和 26 年)までのことを書いてあるに違いない。当時でも行司部屋に神棚
があったので、そこに少なくとも御幣 1 本は立ててあったはずだ。それを
使わずに、青柱の御幣を使っていることから、どの御幣でもよかったのか
もしれない。青柱の御幣を手打ち式で使うことは面白い指摘だが、残念な
がら、これに関しては他の文献で確認が取れていない。そういう記述が『相
撲読本』にあることを指摘するのに留める。

　始まったかはわかっても、同時に胴上げの対象も変わったとはかぎらない。
33)　29 代木村庄之助によると、昭和 27 年当時でも行司部屋に神棚はあったという。
　　手打ち式で青柱の御幣を下ろして使ったかどうかはわからないと語っていた。

(3)　平成 11 年（1999）9 月、平井直房筆「土俵祭」『悠久[34]』。

「（前略）千秋楽の日、表彰式などの終了後行われる『土俵手打ち式』
に触れておきたい。これは本場所の無事完了を祝うものであるが、同
時に前相撲から新序（序の口）に出世した新弟子を祝う機会でもある。
この式には、土俵祭に出席した協会理事長をはじめ、殆どの審判部役
員や立行司以下の行司たちは参加しない。ただ審判部を代表して一人
の検査役が、本場所中神棚に祀られていた土俵祭の御幣 1 本を持って
出るほか、前相撲の行司一名と立呼出しが立合っている。式は極めて
簡単で、検査役や出世力士たちが勝負俵に沿って円形に並び、神酒を
頂戴し、呼出しの柝の音に合せて手締め（三本締め）をする。続いて
御幣を持つ検査役を一同で胴上げして終る。土俵祭には降神・昇神の
儀はないけれども、土俵上に招き迎えた神々を、この『手打ち式』で
神送りする感じが窺われて興味深い。」（pp.58-9）

　この記述は現在とほぼ同じである。この当時はまだ、正式な「神送りの
儀式」は唱えられていない。当時は「勝負検査役」ではなく、「勝負審判
委員」を胴上げしているが、平井氏は宗教学者としてその胴上げに「神送
り」を感じ取っている。確かに、土俵祭では神をいつの時点で土俵に下り
てくるのか、明白な印はない。祝詞や神々にまつわる口上を唱えているう
ちに、いつの間にか事前に備えて置いた 7 本の幣に下りている。祭りが終
わったら、紙幣は神の依り代になり、土俵を神聖な空間にしている。
　ところが、手打ち式でも三本締めまで神はまだ土俵の中にいる。三本締
めで神の任務は終了する。それに続く胴上げは、任務を終えた神々を見送

---

34)　論考の最後の「付記」に平成 8 年 1 月から数次にわたり土俵祭を参観し、平成
　　8 年 7 月に 28 代木村庄之助から長時間ご指導を賜ったと書いてあるので、この
　　論考は平成 8 年頃の土俵祭や手打ち式を記述していると理解している。平井氏は
　　「神送りする感じが窺われて興味深い」と述べている。手打ち式は神への感謝で
　　あり、胴上げは神を見送る儀式として捉えている。

りする象徴である。そう解釈すれば、胴上げをしないのは簡略化したものではなく、神を見送るための追加的儀式に過ぎないことになる。したがって、これまでの手打ち式に落ち度はまったくない。ただ胴上げは宙に上げる動作であり、見た目にも神を天に送っているという印象を与える。神々は宇宙に万遍なく存在し、必ずしも上空の天にいるわけではない。神を送る儀式は胴上げでなくてはならないということもないはずだ。しかし、日本人は神々はなんとなく地上と別次元の空間に存在していると思っている。胴上げはその感情にたまたま合致しているだけである[35]。

　平成 8 年頃は行司を胴上げしていない。これも現在と違う大きな特徴である。これに関しては、平成 16 年以降に出版された文献の中で見られる。

(4)　33 代木村庄之助著『力士の世界』(2007)。

　　「千秋楽が終わって全取組が無事に終了すると、今度は『神送りの儀』をします。神様を呼んだのだから送らなければ駄目だろう、と言い出した人がいて、するようになったと聞いています。相撲が終わって表彰式も済んで、誰もいなくなった土俵でやる簡単な儀式です。
　　　拍子木を打ち、一番出世した力士や新人力士を呼んで、紙幣を持った審判委員を胴上げするのです。(後略)」(p.63)

　続いて、胴上げに至る過程についても次のような興味深い話が書かれている。

　　「なぜ胴上げをするのか私にはよくわかりませんが、魂を天に上げる意味があるのではないでしょうか。私が相撲界に入った頃にもこの儀式はありましたから、古くからずっと続いているしきたりなのでしょう。ところが、数年前から、その審判委員が、

---

35)　実際、迎えた神々を送る儀式は他の行事で多いはずだが、必ず胴上げして見送るということはしていないはずだ。

『土俵祭りの祭主は行司さんだろう。行司さんを胴上げしなければおかしいじゃないか』

　と言い出して、行司が胴上げされることになってしまいました。何十年、何百年と続いてきたことを変えていいのですかと反論したのですが、『やっぱり行司さんだろう』と聞いてもらえませんでした。どうも親方衆は胴上げされるのが嫌なんですね。祭主云々は逃げ口上のような気がします。紋付き袴で胴上げされると着物に手が入って破れたりするし、大きな親方衆のことだから、万が一落とされたら困ると思うのかもしれません。

　結局、今は土俵祭りを執り行った行司の中で一番格下の者が胴上げされるようになりました。一番格下というのがミソです。私だって嫌ですから……。ともかくこうして無事に、神様に帰っていただくのです。」（pp.65-6）

　行司を胴上げする前は、確かに、勧進元だったこともあるし、勝負検査役や勝負審判委員だったこともある。勝負審判委員は元力士だっただけに、体重が重い。出世力士の数が少なければ、胴上げした親方を落とす危険性がある。実際、落としている映像もある。出世力士が多くても胴上げに慣れていなければ、落とす危険性はある。それを避けるには、胴上げされる人は体重の軽いほうがいい。[36]

36）　29代木村庄之助によると、審判委員を胴上げするのが普通だが、代わりに体重の軽い行司を胴上げするときもあったという。これはいつものことではなく、例外的に親方にその場で頼まれて行ったそうだ。胴上げされた行司が行司部屋で語っていたので間違いないともいう。残念ながら、それを確認できる証拠を見つけることはできなかったが、そのような話があったことを記しておく。これは面白いエピソードになるので、誰かがそのような資料を見つけたら、公表していただきたい。ありがたいことに、つい最近、その体験をした行司がいることがわかった。36代木村庄之助と胴上げに関する話をしていると、彼自身が序ノ口か序二段の頃、胴上げをされたことがわかった。口ぶりでは、特に珍しいことではなかったようだ。文献では検査役員（や審判委員）を胴上げすると書いてあるが、実際は手打ち式に参加していた若い行司もときには胴上げされていたらしい。そのよ

　もう一つ、神を迎えたのが行司なら、見送りするのもやはり行司である
という理屈は理に適っている。私はその理屈に賛同している。ただ行司の
中で誰を胴上げするかと、意見が分かれるはずだ。それを巡っては行司会
でももめたに違いない。土俵祭を行った中で一番若い行司をしようという
思いつきも理に適っている。体重が軽いし、神を迎えた当事者だからであ
る。おそらく、選択肢はいくつかあったはずだが、十両行司に落ち着いた
のであろう。

　行司の胴上げに関しては、拙著『詳しくなる大相撲』（2020）で次のよ
うに書いている。

> 「この胴上げに関する話は三三代木村庄之助から国技館内の行司控室
> で聞いたのだが、御幣を抱いて行司を胴上げするのが肝心なところだ
> と思っていた。土俵祭りで神をお迎えしたのだから、千秋楽の最後に
> その神をお見送りするのは本場所の締めくくりとして必要な儀式であ
> ると理解していたので、行司ではなく、審査委員（勝負審判委員：本
> 章注）をずっと胴上げしていることに違和感を抱いていたのである。
> 土俵祭りでは立行司が相撲の神様をお迎えするのだから、その祭りで
> 脇行司として務めた一番格下の十両格行司ではなく、立行司を胴上げ
> するのが理に適う気がしていた。当時、それについて三三代木村庄之
> 助に尋ねることはしなかったのは、今考えると残念である。（中略）。
> 　神送り儀式で肝心なのは、神の依り代としての御幣である。御幣を
> 神に見立て、感謝の印として御幣を携えた行司を胴上げし、参列者全
> 員でその神を神の住処へ見送るのである。神の住処がどこにあるかを
> 問うことは野暮だろう。それは神のみぞ知るとしか言いようがない。
> 土俵祭で神をお迎えするとき、神の住処がどこにあるのかを問うこと
> がないのと同じである。」（pp.118-20）

　三本締めまでは序ノ口行司か序二段行司が務めているが、それが済むと

　うな事例が他にもないかどうか調べてみる必要がある。

土俵下で待機していた十両行司が土俵にあがり、水桶台の前に立ててあった御幣を抱く。神送りの儀式は行司が御幣を抱き、胴上げされ、土俵上に下ろされるところで終わる。その後は解散となり、各自土俵下へ下りる。

(5)　拙著『詳しくなる大相撲』(2020)。

　「千秋楽では表彰式の行事がすべて終わった後、出世力士手打ち式と土俵手打ち式が行われる。土俵手打ち式は『神送りの儀式』と呼ぶこともある。現在は、どちらかと言えば、『神送りの儀式』と呼ばれることが多い。神を迎える儀式「土俵祭」が大々的な神を迎える儀式であるのに比べ、神送りの儀式はかなり地味なため、脚光を浴びることはほとんどない。出世力士手打ち式は、本場所で新序出世披露を受けた力士が審判委員や若者頭などと共に土俵上で立ち、御神酒を捧げ、呼出しの柝の音に合わせて行う儀式である。つづいて土俵手打ち式が行われるが、この二つの儀式の境目は必ずしも明白とは言えない。[37]
　土俵手打ち式は土俵祭でお迎えした神を見送る儀式である。最後に行われる「胴上げ」は神送りすることを象徴的に表している。(中略)。神送りの儀式によって本場所の土俵から神がいなくなる。神聖だった土俵も普通の空間になるのである。」(pp.117-20)

これは他の文献に見られる記述と代わり映えしないが、「神送りの儀式」

---

37)　これはもちろん、見方によって意見が異なる。三本締めで手打ち式が終わり、その後が神送りの儀式だとすれば、その区切りははっきりする。三本締めが何を表しているかがわかれば、それが神送りの儀式の始まりだという解釈をすれば、境目ははっきりしていると言っていいかもしれない。しかし、三本締めの直後は土俵上の参列者の動きは一種の混乱状態だ。御幣を行司に手渡す作法は何もない。呼出しが混乱の中で行司に無造作に渡している。胴上げする場所ごとに異なっていると言っても過言ではない。行司が御幣を手に取ると、胴上げが始まる。呼出しが行司に御幣を手渡す手順は決めてよいのではないだろうか。そうすれば、神送りの儀式が整然と行われているという印象を与える。

によって土俵が神聖な空間から普通の空間に変わったことを指摘している。式を終えると、神は自分の住処に帰ってしまう。

7.　今後の課題

　本章の主な目的は胴上げが約 45 年ぶりに復活したとか約 30 年ぶりに復活したとか言われているので、それが真実なのかどうかを調べることにあった。実は、事実でないことがわかった。散発的に胴上げはその間でも行われていたからである。それを示す資料もいくつかあった。今後は、胴上げの中止と再開がいつだったかを示す資料を多く集めることである。そうすれば、中止の期間や再開の期間を正確に知ることができる。なぜ中止になったり再開したりしたかもわかるようになるかもしれない。また、開催される本場所によっても中止や再開の期間は異なっていたはずだ。どのくらい違っていたかも資料を多く集めることでわかるかもしれない。本章では年 6 場所のどこかで胴上げがあれば、それを「再開」と捉えているが、特定の本場所に限定し、その場所での胴上げが中止と再開を調べれば、異なる結果が得られるはずだ。

　手打ち式の三本締めだけで式を終えることもあったし、胴上げをすることもあった。胴上げは確かに目に見えた動きであるため、迎えた神を見送っているという印象が強くなるが、胴上げしなければ神は土俵やその周辺にさ迷っているのだろうか。以前のように、三本締めだけでは神は住処に戻らなかっただろうか。三本締めまでの式次第で、神の加護への感謝は十分ではないだろうか。どうしても神送りの象徴である胴上げは必要だろうか。御幣を立てたところで三本締を行えば、それだけで神も感謝するのではないだろうか。神も胴上げを喜ぶのだろうか。人間が嫌がるものであれば、神も嫌がるのではないだろうか。胴上げの意味づけを改めて検討してみる必要があるかもしれない。検討した結果、やはり胴上げは必要だという結論になれば、胴上げは今までどおり手打ち式とは別の儀式として続行すればよい。行司の胴上げは本場所の終わりを告げる象徴として捉えているが、それが相撲にとって絶対に必要だとは思っていない。神を見送る

行為は感慨深いが、神の任務に対しては感謝の念は三本締めで済ませてある。三本締めというのは「終了」を意味するものではないだろうか。そうであれば、神の胴上げは、実際は、三本締めの前にすべきものかもしれない。

　本章では、お神酒を混ぜ合わしたり両手を交差したりする所作について、その意義付けをほとんど記述していない。それはあいまいのままである。独特の所作には何か意味付けがあるのが普通だが、残念ながら所作のみが受け継がれ、なぜそうするのかに関しては伝承されていない。土俵祭の所作は多くの場合、神道や易に基づいているが、手打ち式所作も神道や易の考えが反映しているはずだ。特に両手を交差する所作は普通ではない。それには発端があり、何らかの意味付けがあったはずである。お神酒の混ぜ合わせに関しては土俵祭でも見られることから、手打ち式の混ぜ合わせにも同じ意味付けを推測できる。しかし、行司が両手を上向きに交差し、その手に持つかわらけに呼出しがお神酒を注ぐ所作は土俵祭では見たことがない。もっと具体的には、右手のかわらけには左の行司が、左手のかわらけには右の行司が、それぞれお神酒を注ぐ。この所作には長い伝統があるらしいので、文献を調べればその意義付けを簡単に見つけられると思っていたが、残念ながら、うまくいかなかった。その所作の意味づけに関しては、結局、今後の研究を俟つしかない。

資料：大山親方と神送り儀式の復活提案

　手打ち式と神送りの儀式について、大山進親方（元大飛）にお尋ねし、お話を聞くことができた。大山親方は手打ち式と神送りの儀式を明確に分けることを提案した方である。お話を聞く機会を作ってくださった親方に、ここに改めて感謝の意を表しておきたい。なお、この掲載はお話の事前と事後に大山親方の許可を得ている。携帯電話で録音し、それを文字に起こしてある。

　筆者　早速ですが、神送り儀式は勤めている部署と何か関係がありますか。

　親方　そうですね、大いにあります。他の部署、たとえば木戸係のような部署なら、神送り儀式のこととか、相撲の奥深いところには全然タッチしていなかったと思いますね。

　筆者　教習所は 28 年ですか、お勤めしたのは。

　親方　30 年勤めました。

　筆者　教習所一筋ですね。

　親方　そうですね。一筋ですね。

　筆者　10 年も長いと思うけど。

　親方　ええ、30 年ですね。特殊なところなので、担当者が変わると、仕事がわからなくなるんですね。一つの部署に長く勤めさせてもらいました。ですから、生徒の中で一番古いのは佐渡ヶ嶽親方、今のね、琴錦とかね。もちろん白鵬もみんな生徒だったですね。

---

38)　お話を聞いたのは令和 2 年 11 月 17 日である。本場所中で、出勤前の約 1 時間、両国国技館近くのカフェの一室でお会いした。

筆者　神送り儀式の提案以外にも、技の決まり手を整理したのは大山親方ですね。いろいろな文献で見ています。

親方　決まり手もやらせてもらいました。

（大山親方はマスクを着用しようとしたので、それは必要ですかと私がたずねると、「私はやります」と親方は答えて、マスクを着用した。当時、マスク着用は協会では一種の義務みたいなものでした。）

筆者　ご存じのように、平成 16 年 6 月号の『相撲』によると、5 月場所では久しぶりに審判委員の君ヶ濱親方を胴上げしています。次の 7 月場所では審判委員でなく、行司を胴上げしています。2 か月の間に何があったのでしょうか。私はそれに興味があります。何か理由があったのでしょうか。

親方　なぜ行司を上げたかですが、親方衆は重いからです。うまく上がらないんです。綺麗に上にあがらないのです。たとえば、水戸泉とかね。ときには落ちそうになるんです。それで、何とかならないだろうかと考え、民俗学者で教習所に相撲史の授業を教えていた桜井徳太郎先生に相談したんですね。そうすると、行司さんがいるではないか、もともと行司さんが神々を迎える儀式、土俵祭を行っているんだからと言われるのです。

　　それで、「十両以上でいいですか」と尋ねると、先生は「それでいい」と言うんです。「十両以上は祭司となり、土俵上ではその資格を持っているのだから」とも言われていました。

　　そのようなお話を聞き、私は行司さんのほうに申し出ました。行司さんの一番偉い方ですね。[39] その前に、理事にも言いました。理事会でしゃべったわけではなく、理事のほうに相談しました。理事には了解してもらいました。そうすると、理事のほうからは「それじゃ、行司

---

39)　当時の立行司は 31 代木村庄之助と 33 代式守伊之助である。

さんたちと話し合いなさい」と言われたんです。

筆者　それはこの 2 ヶ月の間のことですか。

親方　いや、前々からそういう話はしていました。行司は最初からわかっ
たとすぐ受け入れたわけではなく、話は聞いておくという雰囲気で
した。その間、行司さんのほうで話し合ったんじゃないかと思います。
袴や装束が破れたらどうするんですかとか、専用の装束を作るんです
かとか、骨折するとどうなるんですかなど、いろいろ言われました。[40]

筆者　十両格ではなく、幕内行司や立行司の胴上げという考えはなかっ
たですか。

親方　私はありました。しかし、行司さんは最初から、若手にやらせよ
うという雰囲気でした。私がやろうなどということはありませんでし
た。立行司は定年間近で高齢ですから遠慮させてもらうという空気で
したね。立行司でも幕内でもよいと思いましたが、これは行司さんた
ちで決めることですからね。

　　　それで、桜井先生にお聞きしましたら、「十両行司でかまいません、
それで十分です」と言われたので、それで決まったというわけです。

筆者　話の持っていき方ですが、理事会が先でしたか、行司会が先でし

---

40)　行司との話し合いがすべて円滑にいかなかったことは、たとえば、33 代木村庄
之助著『力士の世界』(pp.65-6) にも示唆されている。行司会の意見の一つに「何
百年と続いてきたことを変えていいのですかと反論した」(p.65) とあるが、神
を迎えた土俵祭の祭司が行司であることから、その神を送るのも行司だというこ
ともあり、反論としては弱かったに違いない。装束の破れなどは専用の装束を備
えることで解決している。相撲協会という小さな世界であり、儀式の提案の手続
きも仰々しいものではなかったと 33 代木村庄之助も語っていた。普段の話し合
いの中で提案し、それを行司会も検討するという雰囲気だったという。ただ新し
い提案だったので、行司会として糺すべきことはしっかり確認しておきたかった
に違いない。

たか。

親方　理事会まで話が行ったかどうか、私は知らないですけど、これは理事会で取り上げるほどの問題かどうかもわかりません。教習所にも所長という理事がいるんですね。そういう方とか執行部にも理事がいますから、そういう理事のほうに「これは儀式ですから、やるべきと桜井先生もそのように仰っています」と話しました。理事に話せば、理事長の耳にも入りますから。そのあとで、私のほうが行司のほうに行きました。理事のほうから行司のほうへ行ったのではなく、私から直接行司のほうへ行き、相談をしています。

筆者　理事から行司に話しかけたのではないですね。

親方　そうです。私が理事に話し、その後、私が行司のほうへ話を持って行ったのです。

筆者　もう一度お尋ねしますが、十両格行司の胴上げは行司さんから出たんですね。

親方　そうです。行司さんのほうで十両格の若手にさせるとなったみたいです。

筆者　平成16年5月までは審判委員の胴上げは神送りとは捉えられていなかったのでしょうか。

親方　私は胴上げしました、昭和43年に。その時、みんなワッショイ、ワッショイやりましたけど、神を送るというのはまったく知りませんでした。

筆者　現在、三本締めと胴上げは別々に分かれているけど、以前も胴上げに神送りが込められていたのではないだろうか。はっきり区別していなかっただけではないだろうか。

親方　私は昭和43年に胴上げしている。あの後、いつの間にか、急にやらなくなっているんですね。その理由は親方が重たいからというも

のです。それで止めているんですね。それまで胴上げしたのはなぜな
のか、はっきりしません。おかしいと思ったが声を上げなかったの
か、その意義がわからなかったのか、何となく中止が続いていたのか、
どうなんでしょうね。神送りが大事だということは一つも思わなかっ
たのでしょうね。ただのワッショイ、ワッショイですべてが終了した
のか、その辺がどうもはっきりしないのです。ある時、桜井先生に尋
ねると、「相撲は御幣を持った行司さんを胴上げします。[41] その御幣に
神様が鎮座していただいて、そして天に帰ってもらう」と仰るんです
よ。[42]

筆者　三本締めと神送りがいっしょくたになって、わけがわからなくな
っていたのではないだろうか。

親方　平成16年7月に、初めて三本締めと神送りを明確に分け、まも
なく割にそれを載せるようにしたんですね。[43] それまで、神送りという
のは割にも載っていないんです。

筆者　二つを明確に分け、割にも載せるようになり、今では神送りは脚
光を浴びるようになったね。

親方　確かに昔から二つともやっていたけど、神を送るという意識はあ
まりなかったでしょうね。残念ながら、そういう意識があれば止める
わけがないんですね。申し訳ないですけど、理事長もそんなことを止
めて「どうするんだ。大事なことなんですよ」となるんですね。でも、
止めても何でもなかったということは、やっぱり「そういうことはあ

---

41)　当時も審判委員は御幣を持って胴上げしている。その御幣の意義が薄れ、相撲
　　が無事終了したことに力点が置かれていたかもしれない。

42)　たとえば、三木貞一・山田伊之助編『相撲大観』(明治35年)、彦山光三著『相
　　撲読本』(昭和27年)、などを見ると、手打ち式と神送りの儀式は現在と必ずし
　　も同じようには捉えられていない。迎えた神を送り出すことを明確に述べている
　　のは、平井直房筆「土俵祭」(『悠久』第78号、平成11年)である。

43)　割(取組表)に神送りの儀式次第が記載されたのは平成16年9月が最初である。

まり頭になかったのかなあ」と思いますね、今にして思えばあります
ね。

筆者　所属は教習所ですか。確認ですけど。
親方　引退後、30年は教習所におりました。現在は指導普及部です。

筆者　神送りの儀式を提案したのは、もちろん、大山親方ですよね。
親方　ええ、そうです。桜井先生という方にご指導を受けてね。桜井先
生がおられなかったら、どうしたらいいのかなあと悩んでいたかもし
れないが、これはこういうことだから、こういう風にするんだとおっ
しゃってくださったし、私もそのとおりだと納得したんですね。何度
も先生にお聞きし、協会に提案したわけです。

筆者　以前は二つに分けるという考えはなかったようだね。意識はあっ
たようだけど。
親方　何で神送りをするんですかと桜井先生にお伺いするとね。神さま
をお迎えするのは土俵祭なんだ。お迎えして、そのままにしておくの
かと。ちゃんとお返ししなくては神事にならないよと。だから、なる
ほど、そうですねと私も納得したんです。手打ちは神送りとは関係な
い。これは別物です。手打ち式で手を叩くのは「終わります」という
ことで、「滞りなく無事終了しました」ということですね。ですから
神様に終わりましたと言葉ではなく手を打って、今、終わりましたと
お伝えする。神様においで頂く時は櫓の上から北の空に向かって太鼓
を叩いて「相撲場はこちらです」と知らせます。そして出しっ幣を目
印に降りてくるからです。人々に相撲が始まりますと知らせているの
ではなく、神様に相撲が始まることをお知らせするために太鼓を叩く
んですよ。それを聞いて、人間は気づくのです。だから場所前に太鼓
を叩くんです。終わってからも、もちろん、叩きますね。神様に終わ
りましたよ、終わりますと音で合図するんです。

筆者　私は太鼓の音にそういう合図があることを知りませんでした。

親方　だから手打ちも無事終わりましたという思いを込めていると思います。そういう風にお聞きしました。

筆者　現在は二つの儀式に分かれ、明確になりました。

親方　相撲では御幣を持って、それに神様が鎮座され、真上に上げるんです。一般でも、たとえば野球などでも勝利などでは、胴上げはめでたいことを表します。ただ御幣を持っていないですね。それは大きな違いだと思いますね。

筆者　行司さんが御幣を抱いていることに意義があるということですね。

親方　そうです。大変意義があります。

筆者　儀式そのもの意義はよく理解できました。テレビなどで神送りの儀式を見ていると、儀式そのものが短いし、行司を胴上げするときまで土俵上が混雑しています。何か改善策はないでしょうか。

親方　うーん、そうですね。出世力士が少ないときや、一人もいないときなど、どうするかという問題はありますね。この儀式は人数に関係なく、行うべき儀式ですね。そういうことがあれば、審判委員 5 人以外の審判委員も出席するとか、若者頭とか呼出しが手伝うとか、十両以下の優勝者は残っているから参列してもらうとか、いろいろ考えられます。とにかく、神送りの儀式は神送りの儀式なんだから、なくすわけにはいかないですね。改善策と言えば、今のところ、これといった案は出していないですね。儀式を行うことにのみ関心が向いていました。

---

44)　各段の優勝者は優勝式まで残って、賞状を授与されている。審判委員は 20 名もいるので、全員あるいは一部が参加すれば、手打ち式と神送り式の参列者は数として問題はない。現在は、最終グループの 5 名が参列している。

筆者　手打ち式にも神はいますか。

親方　います。四つの房に四季の神が土俵や会場を見守っています。手打ち式の間もずっと神はいます。神送りの儀式では神棚に立ててあった3本の幣のうち、1本を代表として持ってきます。それで、手打ち式と神送り儀式はワンセットにして考えています。相撲の神々は土俵だけでなく、会場、相撲に関わることすべてを最初から最後まで見守っていると理解しています。

筆者　話が少し神事から離れますが、内館さんの著書『女はなぜ土俵にあがれないのか』に胴上げが久しぶりに、約45年ぶりに行われたとありますが、それは正しいでしょうか。

親方　昭和43年3月に私自身が胴上げを経験しているので、これは、申し訳ないけど、間違っていますね。昭和43年の後、何年から胴上げが中止になったかはわからないですね。ずっとやっているとばかり思っていました。中止になっていることを知り、びっくりしたんです。仕事を最後まで見ていなかったので、気づくのが遅かったですね。

筆者　もう一つお尋ねしたいことがあります。手打ち式で、行司が両手を交差し、呼出しがかわらけにお神酒を注ぎます。その所作に何か意味がありますか。

親方　これは今の伊之助さんに聞いたほうがいいですね。わかると思いますよ。何か意味があるだろうけど、私ははっきりした答えを持っていないですね、残念ながら。

筆者　以前のことですが、審判委員を胴上げしていたころ、順番はどのように決めていたでしょうか。新聞記事に優勝した力士の一門の審判委員だということが書いてあったけど。

親方　これは審判委員のグループの中で決めていたと思いますね。何日か前からどのグループになっているかはわかっていましたから。以前

は確かに一門が大きかったので、一門の審判委員を胴上げしたかもしれない。はっきりしたことは私はわからない。一門が次第に崩れ、一門に入っていない力士が優勝する場合だってある。そのような場合、どうしたんでしょうか。グループ内で若いほうを上げるとか、何かあったと思うが、わからないですね。わかっていることは、グループ内で相談して決めていたということです。

筆者　ところで、神送りの儀式は今や、人の知る儀式になった。大山さんの提案が実を結んだ結果だね。大山親方は本当に功労者です。

親方　ありがたいことです。私ごときがね。本当に嬉しいことです。

筆者　大山親方は二つのことを成し遂げたと思います。一つは神送りの儀式の復活提案者です。もう一つは相撲の決まり手を整理したことです。

親方　決まり手に関しては、私の前に元笠置山、秀ノ山親方がいました。私はそれに追加というか、補足をしただけですね。でも、本当にいい思い出になりました。

筆者　この二つで、歴史に残る功績を作りました。すごいことです。

親方　ありがたいことです。これは教習所に配属されなかったら、なかったと思いますね。協会に仕事をやらせていただき、本当にありがたく思っています。いい人生だったと思っています。

筆者　今日は私のために貴重な時間を割いてくださり、本当に感謝申し上げます。神送りの儀式について、復活提案者の親方にお会いし、ぜひお話を聞きたいと思っていました。お会いし、たくさんのことを教えていただきました。感謝申し上げます。

親方　私などの話で申し訳ないですが、少しでも役立てたら、私も嬉しく思います。

筆者　手打ち式と神送りの儀式の話が終了してから、雑談の中で出た二つの話を紹介しておきます。趣旨だけを記しておきます。

親方　一つは座布団投げは神事という観点から芳しくない行為だということです。座布団を投げるのは神様に失礼だと思います。座布団投げは以前の投げハナの延長線上にあります。そしてこれも日本文化の一つかもしれません。喜びを表す一つの手段でもあります。しかし、座布団を投げると、ケガをさせることもあります。相撲で喜びを表すには座布団投げではなく、拍手などで表現するとよい。

　もう一つは外国出身力士には相撲の神事性を理解してほしいということです。相撲は神事でもあり、スポーツでもあります。両面があります。日本文化の中に育たなかった力士は日本の文化や相撲の神事性を理解するのが大変です。力士の教育には師匠が責任を持ってほしい。相撲を支えている文化や相撲の一つ一つの所作などについて、師匠は丁寧に教えなくてはなりません。教えなければ、わかりません。相撲の精神を崩さないようにすることが大切です。

　いずれも大きな課題だが、相撲の精神を理解するのは大変である。日本人力士も大変だが、外国出身力士はもっと大変だ。これから外国出身力士は増えていきそうである。年寄も増えていきそうである。相撲の神事性が理解されないと、伝統ある相撲が崩れる危険性がある。

第2章　土俵の神々

1.　本章の目的[1]

　本章では主として次のことを指摘する。

(1)　相撲の三神は戦後の昭和 20 年 11 月に 22 代木村庄之助と相撲評論家の彦山光三氏の話し合いの結果、決まったものである。

(2)　戦前までの相撲の神々は主として天神 7 代、地神 5 代だった。その神々に加え、万の神々にも祈願している。

(3)　相撲の三神と造化の三神は異なる神々である。造化の三神は勝利の神となり、手刀を切るときの神々になっている。

(4)　相撲部屋の盛り土に立てる御幣を八幡幣と呼ぶが、天明期の錦絵を見るかぎり、勧進相撲ではその頃すでに八幡幣 1 本になっている。御幣 7 本を立てるようになったのは、明治 31 年である。[2]

---

1)　本章をまとめる段階で、特に 40 代式守伊之助にお世話になった。特に御幣 1 本を土俵祭で立てていたということに関し、貴重なお話をいただいた。ここに改めて、感謝の意を表しておきたい。

2)　本章では御幣の種類にこだわらず、紙垂を垂らしている幣をすべて「御幣」と呼んでいる。文献では幣帛、幣束、幣串、四幣などが使われているが、本章ではすべて、基本的に「御幣」としてある。しかし、八幡幣も「御幣」の一種だが、他の御幣と区別し、特別に「八幡幣」と呼ぶことにしてある。

（5）　江戸時代は寛政3年6月の上覧相撲を始めとし、それ以降すべて
　　　の上覧相撲で御幣7本である。明治時代の天覧相撲でも御幣7本で
　　　ある。御前相撲と勧進相撲では御幣の数が違っていた。

（6）　7本の御幣は四季の神と相撲の三神を象っているが、それは岩井左
　　　右馬著『相撲伝秘書』（安永4年、〈1776〉）で確認できる。それ以降
　　　現在まで7本が立てられている。

　本章では特に相撲の神々を象る3本の御幣について焦点を当てる。文献
で出てくる相撲の神々にどんな神々がいるのか、その神々は常に不変なの
か、神々と御幣の数は綺麗に対応しているのかといったことを調べるので
ある。
　なお、土俵祭の形態、相撲の神々、祝詞の異なる表現、土俵で唱える相
撲の故実などについて拙稿「土俵祭の祝詞と神々」（『専修人文論集』第
75号、pp.149-77、専修大学人文学部）でも扱っている。

2.　現在の相撲の三神

　現在、相撲の三神は次のとおりである。

（1）戸隠大神（戸隠神社奥宮の祭神手力男命）
（2）鹿島大神（鹿島神社奥宮の祭神建御雷神）
（3）野見宿祢尊

　土俵祭では3本の御幣が相撲三神の依り代として立てられている。こ
の三神に決まったのは昭和20年11月である。22代木村庄之助が彦山光
三と相談し、決めたという。³⁾それまでは、天神7代・地神5代の神々を

　　3）　この三神に決めたいきさつは泉林八（22代木村庄之助）筆「庄之助一代（第
　　　14回）」（『大相撲』昭和55年1月号、pp.140-2）や後藤悟（28代木村庄之助）

祀っていた。⁴⁾時代の流れを考慮し、伝統的に拝してきた天神 7 代・地神 5 代の神々を現在の「相撲の三神」に変更したが、そのことで三神と御幣の 3 本がすっきり対応している。つまり、三神対 3 本となっている。

　この相撲三神と異なる相撲三神を唱える文献もある。

　　・秀ノ山勝一著『相撲』旺文社、昭和 36 年（昭和 25 年の改定版、
　　　p.36）／相馬基・伊藤啓二著『相撲入門』（川津書店、昭和 25 年、
　　　p.37）。

　この文献によれば、相撲の三神は鹿島、鹿取、住吉の三神となっている。秀ノ山は元笠置山だが、なぜ相撲の三神が協会と異なるのか、その理由はわからない。

　もう一つ、かなりユニークな三神に言及している文献がある。

　　・尾崎清風編著『角力読本国技』（発行所・大日本角道振興会本部、
　　　昭和 16 年、非売品）の「頼朝公の御前相撲と故事記〈土俵の由緒〉」。
　　　「角力場の式は御幣七本造りは、その四本は四天王と定め、一本は
　　　天照大御神と定め、一本は八幡幣と定め、また一本はその日の災難
　　　除けの摩利支天と定めしは事実なり。」（p.67）

　興味深いのは、御幣 3 本を天神 7 代・地神 5 代以外の「三神」と結び付けていることである。これが当時、受け入れられていたかどうかは不明である。

　　筆「身内の証言―22 代木村庄之助」（『相撲』、平成 13 年 10 月号、pp.116-9）に
　　詳しく述べられている。
　4）　天神 7 代・地神 5 代の神名は、たとえば、松翁木村庄之助筆「土俵の話」（『相
　　撲』、昭和 11 年 5 月号、p.49）、藤島秀光著『力士時代の思い出』（pp.347-8、昭
　　和 16 年）、泉林八（22 代木村庄之助）筆「庄之助一代記（第 14 回）」（『大相撲』、
　　昭和 55 年 1 月号、p.141）、内館牧子著『女はなぜ土俵にあがれないのか』（平成
　　18 年、pp.185-6）などに掲載されている。

また、相撲の三神を「造化の三神」と同一視する文献もある。

(1)　泉林八（22 代木村庄之助）筆「庄之助一代記（第 14 回）」（『大相撲』、
　　　昭和 55 年 1 月号）。

　　　「土俵祭は行司がつとめる。土俵中央にあらかじめ、七本の幣を安置。
　　　七本のうち三本は造化の三神（天御中主神、高御産巣日神、神産巣日
　　　神）。東西の二本ずつは四季の神の意。」（p.141）

(2)　彦山光三著『相撲読本』（昭和 27 年）。

　　　「七本のうち正面の三本は造化の三神、（中略）正面三本の幣を三人の
　　　行司がささげもって控え所へもどる。あとで中央の天御中主神（あま
　　　のみなかぬしのかみ）にあたる一本は土俵上屋根のまんなかのつか柱
　　　にあげおさめ、左の高御産巣日神（たかみむすびのかみ）と右の神産
　　　巣日神（かみむすびのかみ）にあたる二本はそれぞれ国技館正面貴賓
　　　席の左右におさめることになっている。」（p.78）

　この造化の三神は間違った思い込みかもしれない。というのは、この神々
は勝利の神様として拝されているからである。相撲の取組で勝利した力士
は賞品をいただくとき、左、右、中央の順に手刀を切る[5]。そのときの神様
が造化の神であり、勝利の神であり、五穀豊穣を司る神と言われている。
　参考までに、吉田司家の相撲三神を記しておく[6]。

---

5)　手刀を切ることが明文化されたのは昭和 41 年 7 月場所である。その時に初め
　　て造化の三神（あるいは勝利の三神）が手刀を切る作法と密接にかかわっている。
　　すなわち、左、右、真ん中と手刀を切るとき、それぞれの神に感謝するとしている。
　　この手刀を切るときの作法とそれに対応する三神に関しては、たとえば、33 代木
　　村庄之助著『力士の世界』（pp.72-4）に詳しく述べられている。
6)　吉田司家の相撲三神は荒木精之著『相撲道と吉田司家』（p.180）にも記述され
　　ている。

・吉田長孝著『原点に還れ』。
（1）天照大神
（2）住吉大神
（3）戸隠大神

　この三神が大相撲の三神とどういう関係にあるかははっきりしない。岩井左右馬著『相撲伝秘書』（安永 4 年〈1776〉）の三神と同様に、吉田司家がその当時あるいはそれ以前から「三神」をずっと拝していたなら、御幣 3 本を立てることは何も不思議ではない[8]。さらに、吉田司家の三神が大相撲の三神と異なる理由もはっきりしない。素朴な疑問だが、相撲の三神はそれぞれ異なっていてもよいのだろうか。吉田司家は江戸時代だけでなく、戦後もしばらく大相撲にかなりの影響力があったからである。

　なお、元立行司の 24 代式守伊之助が「雷電為右衛門立像」の除幕式で、吉田司家の三神を組み込んだ祝詞を読み上げている。これは「入魂神事・清めごと」で奉読したものだが、本場所の土俵祭の式順「祭主祝詞奏上」で唱えられるものに相当する。この祝詞を次に示す[9]。出典は中村倭夫著『信濃力士伝　昭和前篇』（甲陽書房、昭和 63 年）である。

　「掛け巻くも畏き吾が相撲の道の守神と持斉く、天照大神、住吉之大

7)　吉田長孝著『原点に還れ』（pp.141-2）によると、行司・岩井左右馬は安永年間に吉田追風家の行司の目代になっている。

8)　吉田司家が自家の「相撲三神」をいつ頃定めかは不明である。京都にいたころにはすでにこの三神を拝していたのか、それとも熊本に移住してから決めたのか、はっきりしないのである。『相撲伝秘書』に三神が導入されていることを考慮すれば、安永の頃には導入されていたようだ。しかし、『相撲伝秘書』の三神が当時の吉田司家の三神と同じだったのか、違っていたのかはわからない。

9)　土俵祭の「祭主祝詞奏上」で奉読される祝詞の事例はいくつかあり、拙稿「土俵祭の祝詞と神々」（『専修人文論集』第 75 号、2004、pp.149-77）にも 5 個の事例を示してある。

神、戸隠の大神等を招ぎ奉り、坐せ奉りて、畏み畏み申佐久、千早振る神代の昔より、中、今はさらに申さず、弥遠永に栄え行くべき相撲の道はしも、敏き心に術を尽くして、猛き心に力を競べて勝負けを争い、人の心を勇ましむる、実に我国固有の国技なれば、今日のよき日に、此所に町発足三十周年の記念すべき年に、郷土の誇りとする力士雷電の立像を建設し、その偉業を顕彰すると共に、故郷の青少年の心のささえともし、健全育成の一助に資したい。

昭和六十一年九月二十日」(p.336)

　この祝詞では吉田司家の相撲三神が使われている。本場所の土俵祭でお招きする相撲三神と異なる。興味を引くのは、24代式守伊之助が唱えていることである。土俵祭では協会が公式に認めている「相撲三神」の名を唱えていたにもかかわらず、それと異なる「相撲の神々」の名を唱えている。24代式守伊之助はすでに引退しているが、なぜ現役の頃に唱えていた「相撲の神々」の名を唱えなかったのだろうか。それに関連する疑問がたくさん湧いてくる。

　ここに、この祝詞を取り上げたのは元立行司が土俵祭では協会の「相撲三神」の名を唱えていたのに、たとえ引退していたとはいえ、「祝詞奏上」で異なる「相撲三神」の名を唱えているからである。「相撲の神々」が吉田司家と協会とでは別々であってよいのだろうか。元立行司は吉田司家の神々が本当の神々だと思いながら、土俵祭では仕方なく協会の「相撲の神々」の名を唱えていたのだろうか。神は目に見えないだけに、名前などにこだわる必要などまったくないという考えがあるかもしれない。

　いずれにしても、元立行司の唱えた「祝詞奏上」に土俵祭の「神々」でなく、吉田司家の「神々」が唱えられている。それをどう解釈すればよいのか、まだ答えがない。あなたはどう解釈するだろうか。

3.　四季の神々と4本の御幣

四方の方位を守護する神々を象って四本の御幣がある。その神々はいろい

ろの名前で呼ばれている。それを示す。土俵中央の土を加えて、木火土金水となる。

五行	色	四季	神獣	須弥の四天
木	青	春	青龍	持国天
金	白	秋	白虎	広目天
火	赤	夏	朱雀	増長天
水	黒	冬	玄武	多聞天

須弥山の神々は仏教の神々である。易の神々ではない。この四天王は式守蝸牛著『相撲穏雲解』の「上覧相撲故実」でも言及されている。[10]

　「四本柱の間三間四方。柱より柱までの内土俵七俵ずつ。四つ合わせて数二十八俵は、天の二十八宿、東西南北に須弥の四天を合わせて総数三十六。（中略）内丸土俵数十五は、天の九、地の六、東西の入口は陰陽和順の理なり。外の角を儒道、内の丸を仏道、中の幣束を神道、これ神儒仏の三つなり」（p.101）

四天王の名前は記されていないが、単に省略してあるに過ぎない。土俵が神道、易、儒学、仏教の融合であることは明白である。坂本辨著『力士鑑』（明治 44 年）の「土俵、四本柱、水引幕の故事」にも四天王は言及されている。

　「土俵は其の高さ一尺五寸にして、四本の柱は広目天王、増長天王、多聞天王、持国天王、亦四本柱の間は三間四方にして三四十二ケ月を

---

10)　水引幕の巻き方にも四季の方位は反映されている。たとえば、彦山光三著『相撲読本』（pp.75-6）や同著『土俵場規範』（pp.83-5）では、水引幕の巻き順序を四季の移り変わりや太陽の運行になぞらえている。

表すなり（後略）」（p.7）

　彦山光三著『相撲道綜鑑』（p.604）にも仏教の四天王のことが書いてあり、現在の土俵でもそれは生きている。昭和20年11月に新しい三神を導入したとき、四方位の神々を整理していないし、その後も整理していないからである。

　土俵の方位を守護する神々は4本の御幣で表されるが、これは『相撲家伝鈔』（正徳4年〈1714〉）の頃から現在まで変わらない[11]。

4.　相撲の三神と3本の御幣

　『相撲家伝鈔』（正徳4年〈1714〉）には四季の神々のことについて述べてあり、4本の幣があったことが示唆されている[12]。ところが、『相撲伝秘書』（安永5年〈1776〉）には相撲三神のことが述べられており、御幣の数が7本になっている。

　　「幣帛の数、7本なり。3本は次の三神で、それを拝する。
　　　　郡八幡宮
　　　　天照皇大神宮
　　　　春日大明神」

　なぜこの三神を相撲の神々にしたのかはわからないが、三神を加えたことにより幣帛が7本になったことは確かである[13]。幣帛7本だが、そのう

11）　岩井播磨掾久次・他（伝）著『相撲行司絵巻』（寛永8年〈1631〉）の絵図には四本柱が四色になっている。四季の神々を明確に認めているわけではないが、それを示唆していることは確かだ。

12）　実際に、4本の幣があったことは述べられていないが、四本柱を四色で飾っていることから相撲の始まる前に四幣を祀る祈願式があったに違いない。

13）　この祭りには口伝が多く、なぜこの神々を招聘するのか不明である。しかし、力士は「天神地祇を一心に拝して相撲をとること」とあることから、日本神道の

ち 4 本は四神、3 本は相撲の三神である。7 本になったことに関し、次の
ことが指摘できるかもしれない。

・7 本の御幣は『相撲家伝鈔』（正徳 4 年〈1714〉）の頃からあったの
　ではなく、『相撲伝秘書』（安永 5 年〈1776〉）までの間に導入され
　たのかもしれない。

『相撲家伝鈔』（正徳 4 年〈1714〉）の頃に御幣が 7 本でなかったことは、
南部相撲の巻物からも推測できる[14]。南部相撲の『相撲極伝之書』（延宝 3
〜 4 年）の項「式正相撲」には土俵祭の挿絵があるが、幣は 5 本である[15]。
その 5 本は四時五行の 5 色である。中央の黄色も 1 本の柱を表している。
神道の神々を象った御幣は 1 本もない。これはもともと四季の神々だけを
祀っていたことを示唆している。南部相撲では 5 本の御幣だが、江戸相撲
では 4 本だったかもしれない。その場合は、中央の黄色を表す御幣は天井
で飾ってあったか、土の色で代替していたかもしれない[16]。
　南部相撲の式正相撲でも土俵祭の後、5 本の御幣を柱や天井に結い付け
たかどうかは不明である。しかし、『相撲極伝之書』によると、4 本の御
幣はそれぞれ四本柱に結い付けられている。それは「幣帛 4 本、柱に結い

　　神々が背景にあることは確かだ。易の四時五行に基づく四本柱の神々に加えて、
　　神道の神々が追加されている。

14)　当時は、四本柱の色で四季の神々を表すが、土俵開きで 4 本の御幣を立てたり
　　していたかもしれない。当時も四本柱の一つに御幣を結い付けていたかどうかは
　　不明である。

15)　南部相撲では相撲の種類によって御幣の数が異なっている。本章に密接に関連
　　している相撲は式正相撲である。というのは、5 本の御幣が使用されていて、そ
　　れが易の四時五行説を反映し、四本柱の色に対応するからである。御幣 5 本は
　　カラーで描かれている。それは岩手県立博物館制作『四角い土俵とチカラビト』
　　（p.36、平成 18 年〈2006〉）にも掲載されている。

16)　江戸相撲から現在の大相撲でも中央の黄色はそれを表す印として天井で飾った
　　り、土の色がそれを表すとみなして御幣を省略したりしている。現在でも四季の
　　神々を表す四幣は 4 本である。

添える」とあることでわかる。

　『相撲家伝鈔』（正徳4年〈1714〉）から『相撲伝秘書』（安永5年〈1776〉）までの間に幣帛を7本立てるようになったと推測しているが、いつの時点で御幣3本が加えられたかは不明である。その後もずっと7本の御幣が立てられてきたかとなると、そうではないらしい。江戸時代の上覧相撲では御幣7本だったが、勧進相撲ではそうでなかったようだ。[17]天明以降の相撲錦絵を見るかぎり、四本柱のそれぞれに御幣は括り付けられていない。江戸末期でもそうだし、明治時代になっても20年代後半までそうである。

　また、『相撲伝秘書』（安永4年〈1776〉）によると、四本柱には4本の御幣をそれぞれ結い付けるとあるが、その後もずっとそのしきたりが続いていたかとなると、そうでもないらしい。弓と一緒に御幣を柱に括り付けてある錦絵は確かに確認できるが、4本の柱となると、それを確認できないのである。絵師が錦絵を描いたとき、四本柱の御幣をたまたま省略したのか、それとも実際に四本柱に結い付けなかったのか、はっきりしない。[18]御幣4本を四本柱に結い付けることを確認できる文献がある。それは、『角力新報』（明治31年8月号）である。

・『角力新報』（第8号、明治31年8月）。

　「（前略）二幣（二つの幣：本章注）を抜いて回向院前なる櫓の上に立て、次に四幣（四本の幣：本章注）を抜いて四本柱に掲げる。一幣（一本の：本章注）をば次席行司木村瀬平に授けて、これを行司溜まりに

17）　寛政3年6月と寛政6年3月の上覧相撲で御幣が7本だったことは資料で確認できるが、他の上覧相撲でも7本の御幣だったかはまだ確認できていない。しかし、御幣の数を上覧相撲ごとに変えることはなかったと推測できる。蕉亭素好作『骨董相撲奇巻』（江戸後期、横綱一覧の最後に不知火光右衛門の名が見える）の「御前相撲土俵之故実」にも「中央に幣束七本立て」とあるが、勧進相撲の幣数については述べられていない。

18）　天明期から明治31年まで、錦絵の四本柱には基本的に御幣1本しか結い付けられていない。御幣2本が描かれている錦絵もあるが、それは例外的である。

置かしめ、（後略）」（p.55）

　明治 31 年以降であれば、御幣は四本柱にそれぞれ結い付けられてい[19]る。御幣を 7 本立て、四本柱のそれぞれに 4 幣を括り付けるのは『時事新報』（明治 31 年 5 月 12 日）の「土俵祭の次第」の記事にも記載されている。

5.　八幡幣

　土俵祭では 7 本の御幣を用いるが、これは正式な土俵祭の場合であって、簡略化した土俵祭では 1 本の御幣で済ますこともある。また、相撲部屋の土俵でも盛り土に御幣を立てるが、その御幣は八幡幣である。[20]

（1）　彦山光三著『相撲道綜鑑』（1977〈昭和 52 年〉）。

　　「略式には八幡幣（五行幣ともいう）を中央の盛り砂の上に一本立てるか、または棟木の内端の中心から、土俵場中央に向けて梵天を垂れる。」（p.613~5）

この八幡幣は黄色だったが、のちに白色に変わったという。

・『古今相撲大全』（宝暦 13 年〈1763〉）。

19）　明治 31 年以前にも御幣を四本柱に結い付けていたかもしれないが、次の項で　　見るように、三木・山田著『相撲大観』（明治 35 年）に「4 年ほど前」とあるこ　　とから、「明治 31 年」を適切な年月としている。

20）　山田知子著『相撲の民俗史』によると、この八幡幣は「八幡大菩薩の依り代」　　（p.177）だという。また、増田秀光編『神道の本』（学習研究所発行、1992）には「巫　　（ふ）道・道教・仏教と神道が融合して成立した謎の託宣神」（p.88）とあり、「八　　幡神は、日本の神であると共に中国やインドの宗教が多分に影響した神である。」　　（p.89）ともある。八幡神の特質を理解していないが、御幣 1 本で十分な役割を果　　たすことができるほど理想的な御幣らしい。

「相撲をまだ取り始めていないときは土俵の中央に幣帛を建てていた。高野河原の興行（すなわち京都勧進相撲の当初）までは土俵中央に黄色の幣帛を建てていたが、その後神道により白幣を建てるようになった。（pp.142-3）

　いつ頃から7本の御幣ではなく、八幡幣1本を立てるようになったかは不明である。天明以降の錦絵を見るかぎり、四本柱に御幣がそれぞれ結い付けられていない。結い付けられているのは、ほとんどの場合、1本の柱だけである。2本の柱に御幣が結い付けられていることもあるが、例外的である。吉田司家が直接関わるような相撲では7本の御幣が用いられたかもしれないが、そうでない場合は1本の幣（すなわち八幡幣）が使われたようだ。幕末や明治期の絵番付でも中央に幣1本が描かれている[22]。これは当時、勧進相撲で御幣1本が立てられたことを示唆している。

　この八幡幣が本場所の土俵祭で使われていたことを示す文献がある[23]。

---

21)　これまで使われてきた1本の幣を実際に「八幡幣」と呼んでいたかどうかは不明である。相撲の文献では「八幡幣」という言葉はあまり使われていない。単に御幣と呼んでいたかもしれない。その御幣1本の形状は一見して八幡幣と形状が異なる。八幡幣は紙垂を垂らさず、折りたたんでいる。錦絵の御幣は柱に結い付けるので、紙垂を両側に垂らしている場合が多い。しかし、中には相撲部屋に見られる形状の八幡幣が四本柱に結い付けられているものもある。これは別々の御幣ではなく、元は同じ御幣であることを示している。

22)　たとえば、明治19年5月場所（回向院境内）の絵番付「御覧出世鏡」には大相撲土俵入りが描かれているが、中央の行司欄に八幡幣が盛り土の上に1本立てられている。

23)　三木愛花著『相撲史伝』（明治34年）と『増補訂正日本角力史』（明治42年）にも「相撲の未だ取り始めざる時に土俵の中央に幣帛を立つるは人の知る処なる（後略）」（p.134）とある。これは「土俵開き」で御幣1本が立てられることを書いてあるに違いない。

（2）　三木・山田著『相撲大観』（明治 35 年）の「初日の土俵浄め」。

　　「立行司が裃にて、足袋格の行司 2 名を介添えとして土俵へ昇り、7
　本の幣束を土俵の中央へ飾り、神酒・供物を備え、菅菰の上に立行司
　が祭祠を朗読し、古式を終わってから土俵の幣束 4 本を四本柱へ配置
　し、残る 3 本のうち 2 本を太鼓櫓の出し幣とするのである。あと 1
　本は協会の宿祢様（野見宿祢を祭りしもの）に納め、それから相撲を
　始めるので、この幣を四幣と言って、4 年ほど前に立行司木村庄之助
　が九州巡業中、肥後熊本の吉田家から伝授を受け、これまで用いてき
　た八幡幣（稽古部屋の土俵の盛り砂に差してある竹の柄を幣という）
　を廃して、四幣に変えたということだ。（後略）」（p.327）

　これは「初日の土俵浄め」（現在の土俵祭：本章注）について記述して
いることから、明治 31 年頃まで「八幡幣」が使われていたことになる[24]。
天明以降明治 31 年まで勧進相撲の土俵開きでは常に御幣 1 本だったかと
なると、必ずしも明白ではない[25]。なぜならそれを肯定する文字資料をまだ
見ていないからである。錦絵の四本柱に御幣が 1 本しか描かれていないこ
とを一つの証拠としているが、それには問題があるかもしれない。つまり、
実際は何本かの御幣を立てていたが、そのうちの 1 本だけを柱に結い付け
たという見方もある。これが正しいかどうかを判断するには、江戸時代の
勧進相撲で何本の御幣が立てられていたかを示す資料を見つけることであ

24）　八幡幣のことは式守幸太夫記『本朝角力起原』（別名『相撲金剛伝』、嘉永癸丑
　　〈1853〉）の「幣束ノ伝」にも出ている。この幣束は「秘伝にしてその道といえど
　　もみだりに許さず」とあり、それを立てるには何か秘儀を伴っていたらしい。上
　　島永二郎編『相撲叢談四本柱』（p.10、至誠堂、明治 33 年）にも同じ表現がある。
25）　明治 32 年 9 月日付の錦絵「東京大相撲」（勧進大相撲土俵入之図、玉波画、版元・
　　松木平吉）では 1 本の柱に御幣が結い付けられている。文字資料と錦絵は一致し
　　ないが、『角力新報』（明治 31 年 8 月号）なども考慮すれば、文字資料が正しい
　　ようだ。参考までに、同じ画題の錦絵（日付と力士を明治 38 年に変更してある）
　　では、四本柱のそれぞれに御幣が結い付けられている。

る。本章の指摘には問題があるかもしれないことを指摘しておきたい。

6.　相撲の神々

　昭和20年11月以前、土俵祭りで7本の御幣が使われたとき、そのうちの3本がどの神を表しているかはっきりしない。それを整理すると、次の二つになる。

（1）　御幣3本は「相撲の三神」を表していても、具体的な神名はあいまいである。
（2）　御幣3本は天神7代と地神5代を表している。さらに、その12神に万の神々を加えることもある。

　もし具体的な相撲の三神を表しているなら、その三神の名称は何だろうか。それについて言及してある文献は見当たらない。『相撲伝秘書』の三神も他の文献では見当たらず、それが継続していたのか、それとも一時的なものだったのか、わからない。寛政3年6月の上覧相撲では四季の神を表す4本の御幣の他に、3本の御幣が使われている。もしその3本の御幣が相撲の三神を表しているならば、どの神だろうか。それとも、具体的な三神ではなく、天神7代と地神5代を表しているのだろうか。その辺のことも文献では確認できない。

　江戸末期から昭和20年までの文献を見るかぎり、3本の御幣は天神7代と地神5代を表しているか、その神々に万の神々を加えたものである[26]。それを述べている文献をいくつか示す[27]。

26）　明治27年発行の半渓散史著『相撲宝鑑』には「本朝相撲の祖神として祭るべきは神代にありては建御雷の命、御名方の命、下りては野見宿禰なり」（p.151）とあるが、3本の御幣との結びつきは述べられていない。
27）　「天神7代、地神5代」という表現は江戸時代の相撲の写本ではかなり以前から使われている。

(1)　天保 12 年、21 代吉田追風から木村玉之助に与えられた「方屋開之言立」(茨城県立歴史館編『すもう今昔』、p.9)。

「天神七代、地神五代を奉る」とある。

天神 7 代、地神 5 代を代表して、御幣を何本立てたのかは述べられていない。吉田司家の伝統にしたがえば 3 本だが、勧進相撲の流れを考慮すれば 1 本である。当時、勧進相撲で 7 本の御幣を立てるのは普通でなかったはずだ。どちらが正しいかはわからない。

(2)　『やまと新聞』(大正 7 年 1 月 11 日) の「春場所の土俵祭」

「(前略) 方屋の中央に七本の幣束を立て、(中略) 天神七代、地神五代を祭り、それより神酒を四本柱に注ぎ (後略)」

(3)　松翁木村庄之助筆「土俵祭の話」『相撲』(昭和 11 年 5 月号)。

「天神七代、地神五代の神々を象った幣束を七本立て、(後略)」(p.49)

(4)　藤島秀光著『力士時代の思い出』(昭和 16 年)。

「盛り上げた土の上には天神七代、地神五代の神々を象った幣束を七本立て、(後略)」(p.246)

昭和 20 年 11 月以前の文献には、3 本の御幣は天神 7 代、地神 5 代を表わすとある。単発的に相撲に関わる神々の名称を述べてある場合もあるが、具体的に「相撲の三神」の名称を述べてある文献はない。したがって、3 本の御幣が個々の神の依り代として捉えられることもない。3 本の御幣は天神 7 代・地神 5 代の依り代として捉えられている。

一つの疑問がある。すなわち、天神7代・地神5代を代表するのに、なぜ3本の御幣なのだろうか。1本や2本ではよくないのだろうか。それに対する答えは、今のところ、得られていない。単なる推測だが、『相撲伝秘書』（安永4年〈1776〉）の頃、すでに相撲の三神を表すのに3本の御幣が使われていたために、その後もたまたまそれに倣っただけかもしれない。

　『相撲秘伝書』に「相撲の三神」があり、御幣が3本であることから、その後の「幣3本」も具体的な「相撲三神」を表しているかもしれないと思ったが、それは間違った思い込みのようだ。上覧相撲を記述した文献では具体的な三神の名称が記述されていない。江戸時代は勧進相撲の土俵祭を記した文献が少なく、断言はできないが、江戸末期の文献や明治以降の文献を見るかぎり、天神7代・地神5代が頻繁に使われている。このことから、相撲の三神は使われたとしても、その名称は忘れ去られ、名残として3本の御幣だけが受け継がれたのかもしれない。いつの頃か知らないが、3本の御幣も相撲の三神でなく、天神7代・地神5代に変わっていったかもしれない。これは単なる憶測であり、実際はどうだったか、今後解明する必要がある。

　天神7代・地神5代に加えて、その他の神々も唱えている文献もある。参考までに、それを示す。

（1）　『時事新報』（明治31年5月12日）の「土俵祭の次第²⁹⁾」

---

28)　拙著『詳しくなる大相撲』（令和2年）に「御幣の数は木村喜平次著『相撲家伝鈔』（正徳4年〈1714〉）以降変わらない」（p.130）とあるが、これは『相撲伝秘書』（安永4年〈1776〉）の間違いである。しかも、勧進相撲では明治31年以降7本になっているが、それ以前も長いあいだ1本だった。いつ1本になったかは不明である。ついでに、「江戸相撲の番付表が縦一枚に書かれるようになったのは宝暦13年（1763）11月だが（後略）」（p.21）とあるが、宝暦7年（1757）の間違いである。訂正する機会がないので、この場を借りて訂正しておく。参考になることを願っている。

29)　これと同じ表現は『角力新報』（第8号、明治31年8月）の「土俵祭の次第」

「木村庄之助は（中略）天神七代、地神五代及び宿禰の神その他角力
に縁みある神名を呼び、しばし祈祷をなしたる後、神酒をば彼の七幣
（7 本の幣：本章注）の根方に供し終わって（後略）」

天神 7 代、地神 5 代以外の神々を招聘しても幣帛の数に変化はない。
相撲に縁があると思われる神々も付け加えることがある。

(2)　彦山光三著『相撲鑑賞読本』（昭和 13 年）の「本場所祭事論」。

「土俵祭は、単なる地鎮祭ではない。天神地祇をはじめ、四季の神々、
八百萬の神々を祭って、天長地久・風雨順次・五穀成就を祈願し奉る
とともに、（後略）」(p.21)

八百萬の神々がどの神を指すかは明白でないが、天神 7 代・地神 5 代
が具体的な神名であるのに対し、必要な神々すべてである。相撲の安泰を
守護するすべての神々と言ってもよい。[30]

7.　3 本の御幣とその置き場所

現在、三神を象る 3 本の御幣は行司控室の神棚に立てている。

・平井直房筆「土俵祭」『悠久』（平成 11 年）。

(pp.54-5) にも見られる。新聞では「天神五代、地神七代」となっているが、雑
誌では正しく「天神七代、地神五代」と修正されている。

30)　吉村楯二編『相撲全書』（p.38、不朽社、明治 32 年〈1899〉）には「土俵の儀
式には様々あるが中に、まず第一に、八百万の神々を祭るを土俵祭とは言うなり」
(p.38) とある。天神地祇を省略し、「万の神々」を強調した表現になっている。なお、
引用では字句を少し変えてある。

「脇行司たちは（中略）、斎主と共に北側に立つ主祭神の御幣を一本ずつ持って退下する。この御幣は国技館の場合、本場所終了まで行司控室の神棚に祀られるが、神棚のスペースの関係上、うち一本だけが三柱の神々の依り代とされ、他は用済みにされている。」(p.57)

　以前は、確かに 1 本のみを大事に神棚に立てていたようだ。他の 2 本は世話係の判断で行司部屋の適当な場所に置いていたという。場所中の御幣 3 本をどのように扱うかは必ずしも一律的ではない。それを示す事例をいくつか示す。引用では字句を少し変えてある。

(1) 『東京日日新聞』（明治 31 年 5 月 13 日）の「土俵開きの式」

　「（前略）正面の幣を土俵屋（屋根：本章注）の棟に、左右の幣都合四本を四本柱に差し挟み、残る二本の幣を東西の力士に分かつてここに式を終われり」

(2) 『角力新報』（第 8 号、明治 31 年 8 月）。

　「（前略）二幣（二つの幣：本章注）を抜いて回向院前なる櫓の上に立て、次に四幣（四本の幣：本章注）を抜いて四本柱に掲げる。一幣をば次席行司木村瀬平に授けて、これを行司溜まりに置かしめ、（後略）」(p.55)

　二つの御幣を櫓の上に立てている。出しっ幣に結びつけてあったかもしれない。もう 1 本は行司・木村瀬平に預けていることから、行司控室で管理していたかもしれない。当時、相撲場に神棚があったかどうかはわからない。

(3)　三木・山田著『相撲大観』（明治 35 年、p.327）の「初日の土俵浄め」。

「（前略）土俵の幣束 4 本を四本柱へ配置し、残る 3 本のうち 2 本を
太鼓櫓の出し幣とするのである。あと 1 本は協会の宿祢様（野見宿祢
を祭りしもの）に納め、（後略）」（p.327）

　これには明確に 2 本を太鼓櫓の出し幣とすると書いてある。もう 1 本
は野見宿祢を祭る容器が用意してあったのかもしれない。木村瀬平はそれ
に納めて管理していたかもしれない。

（4）　『やまと新聞』（明治 45 年 5 月 18 日）の「初日の記」

「（前略）今度は御幣を一本抜いては四本柱に結い付ける。それが終わ
ると、三人は一本ずつ御幣をかついで行司詰め所へ引き上げていく」

（5）　『やまと新聞』（大正 3 年 5 月 31 日）の「吉例土俵祭」[31]

「（前略）七本の御幣を立て、（中略）御幣を一本ずつ四本柱に結び付
ける。（中略）最後に屋根の棟木へ一本の御幣を建てた」

　残りの 2 本をどうしたのかは不明だが、次の記事が参考になるかもしれ
ない。興味深いのは、3 本のうち 1 本を屋根の棟木に括り付けていること
である。

（6）　『やまと新聞』（大正 7 年 1 月 11 日）の「春場所の土俵祭」

「（前略）御幣を取りて四本柱に移し木綿にて堅く結びつけ、さらに正
面左右の御幣を取って玉座の柱に結びつけ、最後にその中央の真木と
称する御幣を取って方屋天井の梁に奠し（後略）」

31）　同じ内容の記述は『やまと新聞』（大正 3 年 1 月 11 日）の「土俵祭」でも見ら
　れる。それにも他の 2 本の御幣をどう扱ったかについては述べられていない。

(7)　彦山著『土俵場規範』（pp.88-9、昭和 13 年）／『相撲道綜鑑』（pp.609-13、昭和 52 年）。

「正面の三本のうち、中央の一本は、土俵場屋形の屋根中央直下の東柱に南面して奉斎し、他の二本は、貴賓席（国技館）の左右の柱に奉斎する。他のおりには、別に神の座を設けて奉斎すべきである。」

　昭和 20 年代後半でも 3 本を行司控室の神棚に納めていない。神棚はあったはずだが、そこに納めていないという記述を読むと、本当だろうかと首をかしげたくなる。しかし、相撲に精通して彦山光三氏の記述だけに、その信ぴょう性に問題はないはずだ。

8.　今後の課題

　本章では問題提起しながら、解明していないものがいくつかある。それをまとめておきたい。

(1)　『相撲伝秘書』（安永 4 年〈1776〉）に相撲の三神が具体的に出てくるが、その後、なぜその三神が受け継がれなかったのだろうか。御幣 3 本と相撲の三神は関係なく、天神 7 代・地神 5 代が取って代わったのだろうか。

(2)　何時ごろ、土俵祭で御幣 3 本が使われ出したのだろうか。それまでは、南部相撲の式正相撲で見るように、四季の神々を表す御幣 4 本だけだったのだろうか。

(3)　なぜ天神 7 代・地神 5 代の神々を御幣 3 本で表したのだろうか。3本に何か意味があったのだろうか。なぜ 2 本や 1 本ではだめだったのだろうか。

(4)　勧進相撲ではいつ頃から八幡幣は使われ出したのだろうか。本章では 7 本の御幣になったのは明治 31 年としているが、その年月は正し

いのだろうか。

(5)　造化の三神を相撲の三神と捉えている文献が散見される。それは正しい捉え方なのだろうか、それとも間違った捉え方なのだろうか。

(6)　大相撲の相撲三神と吉田司家の相撲三神とは同じではない。相撲の三神が異なっても問題ないのだろうか。たとえば、奉納横綱土俵入りをするとき、場所によって神々が異なることになる。場所が違えば、相撲の三神も違ってよいのだろうか。

(7)　土俵祭が終わると、御幣 3 本をどう扱うかは時代によって異なる。本章では 2, 3 の事例だけ提示しているが、他にはないだろうか。

(8)　本章では触れなかったが、寛政 3 年 6 月の上覧相撲では御幣 7 本の中に青幣が 1 本混じっていた。それはどの神を表しているのだろうか。舛岡・花坂著『相撲講本』（p.751、昭和 10 年〈1935〉）に述べられているように、中央の黄色が変じて青色になったのだろうか。これは正しい見方だろうか。『古今相撲大全』によると、この黄色は元禄の頃にすでに「白色」になっている。以前の御幣の色にこだわるなら、黄色を用いてもよさそうである。しかし、実際には青色の幣を使っている。なぜだろうか。

　これらの疑問点を解明しようとすれば、それに関連して他にも新しい疑問点が出てくるに違いない。誰かがいつか、解明してくれることを期待している。

第3章　土俵祭の作法

1. 本章の目的[1]

　土俵祭は平成12年5月場所より一般公開されるようになった。それまでは神秘のベールに包まれ、儀式がどのように行われるか、その様子を雑誌や写真などで断片的にしか知ることができなかった。本章では、この土俵祭を取り上げ、それがどのような手順と作法で行われているか、具体的に見ていくことにする。

　今の土俵祭でも長い目で見れば、すたれてしまうものあるし、残るものもあるはずだ。過去を振り返り、どのような土俵祭をしていたのだろうかと思ったとき、本書のような記述があると大いに助かる。実際、現在の土俵祭の動きや作法を本格的に詳細に記述した論考を見たことがない。これが初めてではないだろうか。

　現在の土俵祭は初日の前日、つまり、土曜日の午前10時から約30分間、土俵上で執り行われる[2]。両国国技館で行われる土俵祭の参列者は理事

---

1)　本章をまとめる過程では29代木村庄之助に大変お世話になった。また、作法の細かい確認では、主として相撲博物館所蔵のビデオを参考にした。ここに改めて、庄之助親方と相撲博物館に感謝の意を表する。本書に組み込むに際しては、インターネット上の映像も改めて見直した。土俵祭は現在一般公開されているので、何回か見学に行っている。なお、本書をまとめる際、改めて41代式守伊之助に読んでいただいたが、祝詞に表現の違いが少しあることがわかった。しかし、本書ではその表現の違いを一つ一つ指摘していない。微妙な表現の違いはこれまでの祝詞でもよく見られるし、内容そのものはほとんど変わりがないからである。ここに改めて、41代式守伊之助にも感謝の意を表する。

2)　土俵祭が初日の前日に行われるようになったのは、大正15年（1926）からであるという。それまでは、初日の前日であったり、初日の早朝であったりして、

長、審判部長、審判副部長、審判委員20人、行司全員、立呼出しなどである。[3]

　地方場所では、この参列者の他に、地方場所担当部長、東西会、溜り会の幹部などが加わる。昭和32年までは、幕下以下の行司は土俵祭に出席していない。昭和32年12月に相撲協会の改革で行司全員が一緒になり「行司部屋」が独立してから、行司全員が土俵祭に出席するようになった。また、呼出しでは立呼出ししか儀式には出席しないが、儀式を締めくくる「触れ太鼓土俵三周」のため、5，6人の呼出しが奥の部屋で控えている。

　土俵祭の参列者が座る位置は決まっている。

（1）　正面（椅子席）

　黒房から審判副部長、審判部長、理事長、審判副部長である。

（2）　東・西（椅子席）

　東と西にそれぞれ10名ずつの審判委員。

（3）　向正面（椅子席）

　① 赤房から脇行司（幕内格）、祭主（立行司）、脇行司（十両）の順である。[4]

　一定していない。明治時代の新聞でも初日の早朝に土俵祭が行われていることを記した記事はたくさん見られる。寛政3年の上覧相撲のときも行われている。昭和に入っても、戦前の天覧相撲では相撲が行われる日の当日、相撲の取組に先立って行われている。寛政時代の上覧相撲では相撲が行われる当日に土俵祭は行われている。このように、勧進相撲の土俵祭は相撲が行われる当日であったり、前日であったり、また上覧相撲や天覧相撲では当日に行われていたのである。

3）　平成22年9月場所からは三役以上の力士と監事も参列者に加わっている。参列者は限定的だが、常に一定しているというわけでもなさそうだ。令和2年から3年にかけてコロナ禍だったので、力士の参加を取りやめている。また、直会でのお神酒を飲むのも中止した。コロナ禍のころは、伝染の源になりそうなものは中止している。

4）　脇行司は、現在、幕内格と十両格になっているが、このようになったのは最近

② 司祭 3 人の後ろに行司たちが座る。

(4)　向正面の白房下付近に司会者が立つ。

(5)　赤房下と白房下付近には世話係の行司が数人待機する。

　そもそも、相撲における土俵祭とは何であろうか。相撲はもともと神事
と関係があったので、これが現在も受け継がれ、それが神を祀る儀式とし
て残っている。したがって、土俵祭の起源をさかのぼれば、かなり古い時
代になるであろう。実際、相撲関連の文献を紐解けば、土俵で「祈り」を
捧げる儀式が昔から行われていたことがわかる。名称も「地取」と呼んで
いたりする。式の中で、「神相撲」が行われていたこともある。
　本章では、歴史的な土俵祭についてはほとんど触れず、現在の土俵祭に
焦点を絞ることにした。土俵祭に関して、彦山光三氏は次のように述べて
いる。字句を一部変えてある。

　　「土俵祭は、単なる地鎮祭ではない。天神・地祇をはじめ、四季の神々、
　　八百万の神々を祭って、天長地久・風雨順治・五穀成就を祈願し奉る
　　とともに、諸々の凶事や、災禍がないようにと祈願し奉るためであっ
　　て、東西には、神の座を設けて、神明の照覧を 冀 (こいねが) っている。司祭の
　　行事が終わってから、神相撲という特殊の相撲が献ぜられるのが本式
　　であるけれども、[5] これは現在普通には、演練されない。しかし、当日
　　奉仕の行司の装束がすべて、神官に擬していることは、土俵祭が、あ
　　くまで、神事であることの証左である。」(彦山光三著『土俵場規範』、

　のことである。立行司（副立行司を含む）が 3 人の頃は、脇行司が二人とも立行
　司のこともあった。立行司と三役行司のこともあったし、十両格のこともあった。
　実際のところ、土俵祭では行司の「格」が重要でなく、神事としての儀式そのも
　のが「核」である。

5)　『相撲家伝鈔』（正徳 4 年）や『古今相撲大全』（宝暦 13 年）によると、儀式の
　　一部として力士による「神相撲」が行われている。

p.148)

　すなわち、土俵祭は「天長地久・風雨順次・五穀成就」を祈願し、同時に、相撲に関わるすべてのことについて神々の加護を祈願する儀式である。この儀式は神道に基づいて執り行われるが、現在の土俵祭で祈願する神々は相撲に関わる神々となっている。[6]

2.　土俵の祭壇[7]

　土俵祭が行われる前に、土俵上には次のような配置で祭壇が用意されている。御幣は「幣台」に立てられている。[8]

　この祭壇をもう少し詳しく見ていくことにしよう。

（1）　左の三宝（または三方）には鎮め物が載せてある。勝栗と榧の実、昆布とするめ、洗米、塩をそれぞれ4枚の土器（かわらけ）に入れて飾る。

（2）　右の三方には神酒を入れた瓶子2本が載せてある。

（3）　正面の祭幣（相撲の三神）
　　①　戸隠大神：戸隠神社奥宮の祭神手力男命（たぢからおのみこと）

6）　現在の土俵祭では相撲と直接かかわる三神と四方（季節）の神々に祈願するが、歴史的には、単に相撲に関わる神々だけでなく、日本国の起源とかかわる神々であった。現在の神々に落ち着いたのは戦後の20年頃である。これについては、本書の第2章でも述べてある。

7）　この項は拙著『大相撲行司の世界』（2011）や『詳しくなる大相撲』（2020）にも扱われており、内容と表現がほとんど同じである。そのことをお断りしておく。祭具の配置や祭りの式順は、他の著者の本でも基本的に同じである。表現の仕方は本によって異なるが、拙著では同じ著者ということもあり、異なる表現にあえてしなかった。

8）　この祭壇の図は29代木村庄之助からいただいたものである。相撲関連の本では、多くの場合、写真だけが掲示されている。

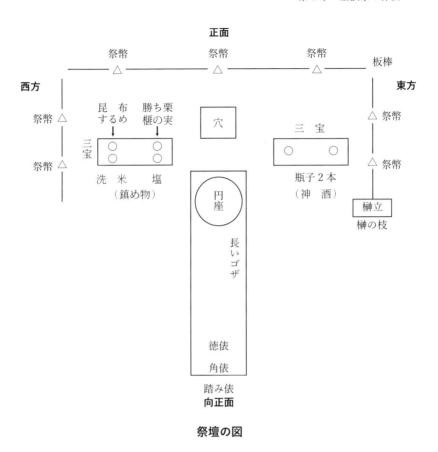

祭壇の図

　② 鹿島大神：鹿島神宮の祭神建御甕槌神
　　　　　　　　　　　　　　だてみかづちのかみ
　③ 野見宿祢尊：相撲の祖伸
　　　のみのすくねのみこと

（4）　東西南北と四季の守護神

　① 東（青房）：青龍／春

　② 南（赤房）：朱雀／夏

　③ 西（白房）：白虎／秋

　④ 北（黒房）：玄武／冬

(5) 鎮め物を埋納するため、土俵中央に約 15 センチ四方の穴が掘られている。

(6) 正面側に 3 本の白幣が、それから東西に 2 本ずつの白幣がそれぞれ幣立て台に立てられている。3 本の白幣は相撲の守り神の依り代であり、東西の 4 本の白幣は東西南北の神々の依り代である[9]。

(7) 向正面には、2 台の三宝が並ぶ。正面に向かって右の三宝には神酒を入れた一対の瓶子、左には後で埋納する鎮め物が載せられている。現在の鎮め物は米、塩、するめ、昆布、勝栗、榧（かや）の実の 6 種類である[10]。

(8) 修祓用の榊の枝。これはお祓い用で、東の榊立て台に立ててある。

3.　儀式の前

　儀式の直前に理事長、審判部長、審判副部長 2 人が入場し、正面椅子に着席する。呼出しの柝が入り、式が始まる。
　行司 3 人が十両格、祭主、幕内格の順序で、東の花道より入場する。脇

---

9)　藤島秀光著『近代力士生活物語』(p.246) には「盛り上げた土の上には天神七代、地神五代の神々を象った幣束を七本立て、立行司木村庄之助の祭主のもとに、厳かな土俵祭が執り行われる」と書いてある。昭和 6 年頃は祭壇を設けていないらしい。土俵中央の土を盛り上げ、そこに 7 本の幣を立てている。すなわち、幣立て台は用いられていない。この本は昭和 16 年に出版されているが、祭主祝詞奏上の日付が昭和 6 年 5 月 7 日になっている。

10)　藤島秀光著『近代力士生活物語』(p.247) によると、昭和 6 年頃の鎮め物は「榧（かや）、勝栗、熨斗、昆布、塩、鯛（たい）、洗米、供餅、野菜」など 9 種だった。すなわち、供え物も昔から一定していたわけでない。さらに、これらの供え物は、前もって土俵に供えてあったのではなく、脇行司が清祓いの祝詞を奏上した後で供えている。

行司 2 人は白色浄衣の神官装束だが、立行司の祭主は正服の神官装束である[11]。祭主の正服は上が袍、下が奴袴である。脇行司は風折烏帽子をかぶっているが、祭主は冠を被っている。履物は通い草履である[12]。この装束から土俵祭を見ると、この祭は「中祭」や「小祭」ではなく、「大祭」の格式である。

　行司 3 人は土俵近くまで来ると、立ち止まり、立礼する。向正面の土俵下で行司 3 人分の椅子があり、それに着席する。赤房寄りに脇行司（幕内格）、中央の二字口に祭主（立行司）、白房寄りに脇行司（十両格）である。

　司会者が「ただ今から土俵祭を行います」という口上を述べる。この司会者は行司監督で、西の白房下付近で立っている。
　儀式開会の口上の後、少し間をおいて、司会者が「清祓いの儀」という声を発する[13]。

4.　土俵祭の式順[14]

儀式は神道に基づいて執り行われるが、その式順は次のとおりである。

（1）　清祓いの儀
　　　脇行司（幕内格）が土俵に上り、直ちに三方の瓶子の蓋を取る。その後、祓詞を奏上する。祓詞の奏上が済んだ後、向正面、正面、東、西の順に清祓いをする。榊の枝を左、右、左と振り、参列者一同を祓い清める。榊を元に返して土俵を下りる。

---

11)　相撲関係の文献によると、祭主の装束は「小直衣」とか「狩衣」とも記述されている。装束は常に上が袍で、下が奴袴というわけでもなく、実際、非常に簡略化された衣冠姿の場合もある。

12)　29 代木村庄之助によると、履物が「通い草履」になったのは昭和 60 年頃だという。以前の履物は木履で、儀式用の「浅沓」である。

13)　「清祓いの儀」は「修祓」ともいう。

14)　この項「土俵祭の式順」は、拙著『大相撲行司の世界』（2011）と重なる。

(2) 祭主祝詞奏上

　　祭主は左手で塩を左、右、中央と撒き、土俵に上り、正面の白幣に向かって円座に正座する。拝礼や柏手の後、祝詞を奏上する。

(3) 祭幣並びに献酒¹⁵⁾

　　脇行司が東西から土俵に上り、東西の4本の白幣を1本ずつ取り、土俵の四隅に立てる。その後、四隅の上げ俵へ左、右、中央の順に献酒する。そして、行司は3人とも正面の白幣を1本ずつ持って土俵を下りる。

(4) 方屋開口故実言上¹⁶⁾

　　軍配を持って土俵中央に座る。柝が三つ入る。軍配を左右に大きく振り、それを膝に立てる。そして、方屋開きの言上を述べる。

(5) 鎮め物

　　行司3人で土俵中央にあらかじめ掘ってある穴に鎮め物を埋める。その後、祭主（立行司）は徳俵に向正面、西、正面、東の順で献酒する。

(6) 直会^{なおらい}

　　脇行司2人が最初に正面の参列者に、次に東西の参列者に、それぞれお神酒を捧げる。

(7) 触れ太鼓土俵三周

　　立呼出しを先頭に2柄の太鼓が土俵を左回りに三周する。太鼓を担ぐ人も叩く人も呼出しである。太鼓は三周後、青房のほうから正面に向かい、街へ繰り出す触れ太鼓となる。

---

15) 「祭幣」は「斎幣」とも表す。
16) 「方屋」は「片屋」とも表す。

　これらの式順にしたがって、それぞれの儀式がどのような手順と作法で行われるか、詳しく見ていくことにしよう。

5.　清祓いの儀

① 赤房に近い左端に座っていた脇行司が立ち上がり、着席している行司に立礼する。
② 脇行司は二字口へ近づき、草履を脱ぐ。体は東を向き、中央の踏み俵から上がる。左足を先に出す。
③ 二字口で正面を向いて立ち、両手を笏を支えながら立礼する。その後、東を向いて正座する。
④ 正座したまま、膝を右、左、右と持ち上げ、体を 3 回転させて祭壇まで進む。そして、体を正面に向ける。
⑤ 笏を腰に挿す。
⑥ 祭壇の瓶子の蓋を取る
⑦ 両手で笏を腰から取り、胸の前に持ち直し、拝礼を 2 回する。
⑧ 笏を右の腰に挿す。その後、柏手を 2 回叩く。
⑨ 笏を腰から取り、両手で前方に支えながら、拝礼を 1 回する。[17]

6.　祓詞奏上

　これは祝詞の一つだが、お祓いの祝詞はと区別に「祓詞」と呼ぶこともある。司会者が「ご起立ください」という口上を述べる。一同起立する。

① 幕内格の脇行司は座ったまま、笏を両手で支えている。それから、上体を前面に倒し、拝礼を 1 回する。その姿勢で、次の「清祓いの祝詞」

---

17) 笏を胸の前で両手で支えたり、腰に挿したりする場合は、垂直にするが、着席したり、普通に持っている場合は、右脇腹でやや垂直にして持つのが普通である。

を述べる[18]。参列者一同は祝詞を俎上しているあいだ、頭を垂れている。

「掛巻くも畏き伊邪那岐之大神、筑紫の日向の橘の小門の阿波岐原に禊祓へ給へし時に生坐る祓戸之大神等、諸々の禍事、罪穢あらむおば、祓へ給へ清め給へとも白す事を聞食世と、畏み畏みも白す」

② 祝詞奏上が終わると、司会者が「御着席ください」という口上がある。一同着席する。
③ 脇行司は笏を両手で支えながら、拝礼を2回する。それから、笏を右の腰に挿す。
④ 柏手を2回叩く。
⑤ 笏を腰から取り、それを両手で前方に支えながら、拝礼を1回する。
⑥ 笏を腰に挿す。

その後、正座したまま、榊の枝を右側に立ててある台から抜き取り、左右に支える。正面に向かって礼をする。

① 礼の後、榊の枝で左、右、左の順でお祓いをする。
② 榊の枝を左右に持ち直し、拝礼を1回する。その後、起立して二字口へうしろ向きに下がる。
③ 二字口で榊の枝を左右に支えながら、体を左回りに向け、向正面に向ける。榊の枝は根元のほうを右手で、枝の方を左手で支える。これは榊を支えるときの作法だが、白幣を支えるときも同じである。
④ 司会者の「ご起立ください」の声で、一同起立し、頭を垂れる。

---

18) この「清祓いの祝詞」は一般に神社の宮司が唱える祝詞と同じである。すなわち、相撲の土俵祭だけに唱えられる独特の祝詞ではない。この「清祓いの祝詞」と儀式からわかるように、土俵祭は神道と密接な関係がある。なお、同じ内容の祝詞でも少しずつ異なることがある。なお、拙稿「土俵祭の祝詞と神々」(『専修人文論集』第74号、2004)には異なる祝詞が他に2個紹介されている。

⑤　脇行司は榊の枝を支えたまま、立礼する。

⑥　榊の枝を左、右、左の順でお祓いする。その後、榊の枝を左右に持ち直し、立礼する。

⑦　司会者の「ご着席ください」の声で、一同着席する。

⑧　脇行司は榊の枝を支えながら、赤房下まで進む。そこで、体を正面に向ける。あるく前に上げ俵で両足を揃える。

⑨　角俵の内側を通り、青房下まで進む。青房下の上げ俵に来たとき、西に体の向きを変え、両足を揃える。そして角俵の内側を通り正面の二字口まで進む。

⑩　二字口まで来たとき、正面に向きを変えて立礼する。

⑪　榊の枝を左、右、左の順でお祓いする。

⑫　それが済むと、榊の枝を左右に持ち替える。そして立礼する。

⑬　体の向きを青房のほうへ変え、それから進む。

⑭　青房下で足を揃え、向正面へ進む。青房下では立礼をしない。

⑮　東の二字口へ来たとき、体の向きを東に変える。そして立礼する。

⑯　榊の枝を左、右、左の順でお祓いをする。その後、それを左右に持ち直し、立礼する。

⑰　体の向きを赤房に向け、赤房下まで進む。赤房下まで来ると、体の向きを西に変え、両足を揃える。

⑱　西へ向かい、二字口で立ち止まらず、そのまま白房下まで進む。

⑲　白房下で体の向きを東に変え、正面の角俵に沿って進む。

⑳　西の二字口まで来ると、体を西に向ける。立礼する。榊の枝は両手に維持したままである。

㉑　榊の枝を持ち直して、左、右、左とお祓いする。その後、それを左右に持ち直し、立礼する。

㉒　体の向きを向正面に変え、白房下まで進む。そこで体の向きを東に向け、両足を揃える。それから向正面の角俵に沿って進む。

㉓　二字口へ来たとき、体を正面に向け、立礼する。

---

19)　「角俵」は「外俵」とも表すことがある。

立礼の後、今度は正座する。その後の所作は、次のとおりである。

① まず、二字口で東向きに正座する。膝を持ち上げて、左、右、左と体を3回転させながら、中央の祭壇まで進む。榊の枝は体の前方に左右に両手で支える。
② 中央の祭壇まで来ると、礼をする。
③ 榊の枝を右側の台に戻す。この台はもともと榊の枝を立ててあったものである。
④ 右の腰から笏を取り出し、拝礼を2回する。
⑤ 笏を腰に戻す。
⑥ 柏手は2回叩く。笏を腰から取り、体の前方へ両手で持ち、拝礼を1回する。
⑦ 笏を両手で支えながら立ち上がり、向正面の二字口まで後ろ向きに下がる。そこで正面に向かって立礼する。
⑧ 二字口の踏み台から土俵下へ降りる。降りるときは右足を先に踏み出す。
⑨ 土俵下で通い草履を履く。
⑩ 椅子の近くまで行き、着席していた2人の行司に立礼する。その後、着席する。笏は右脇腹に持つ。

7. 祭主祝詞奏上

脇行司が着席すると同時に、司会者が「祭主祝詞奏上」という口上を述べる。

① 祭主は立ち上がり、目の前の二字口へ向かう。二字口まで来ると、体の向きを変え、草履を脱ぐ。土俵へはまだ上がらない。
② 土俵下で、二字口近くに置いてある塩を左手でつかみ、右、左、中央

の順で土俵にその塩を下から投げるように撒く。[20]

③　塩を撒いた後で、中央の踏み俵から上がり、丸土俵内の二字口で立つ。

④　立礼する。両手で笏と同じように、体の前方で「書状」を持っている。

⑤　二字口に東を向いて正座する。それから膝を上げて、左、右、左と体を 3 回転させながら、中央の祭壇まで進む。

⑥　祭壇に向かって正座する。書状を前方の祭壇に置く。

⑦　腰から笏を取り出し、両手で前方に支える。拝礼を 2 回する。

⑧　笏を右の土俵上に置く。脇行司と違い、腰に挿さない。

⑨　柏手を 2 回叩く。

⑩　笏を右から取り、両手で支えながら、拝礼を 1 回する。

⑪　笏を右側の土俵上に置く。

⑫　司会者の「ご起立ください」という声で、一同起立する。

⑬　祭主は「書状」を開いて読み始める。書状を読み上げているあいだ、一同は頭を垂れている。その書状の文面は、次のとおりである。[21] 祭主は「書状」を前の台から取り、前方に支えながら軽く礼をする。[22]

「掛巻久毛（かけまくも）　恐伎（かしこき）　比斎庭爾（このゆにわに）　吾相撲乃（わがすまいの）　道乃（みちの）　守神登（まもりかみと）　持斎久（もちいつく）
戸隠大神（とがくしおおかみ）、鹿島大神（かしまのおおかみ）、野見宿禰命達（のみのすくねのみことたち）　三柱乎（みはしらを）　招伎（おうぎ）　奉利（まつり）　坐世（ませ）
奉利低（まつりて）　恐美（かしこみ）　恐美（かしこみ）　母白左久（もうさく）　千早振留（ちはやふる）　神代乃（かみよの）　昔与利（むかしより）　中（なか）

---

20)　塩を撒くのは左手と決まっていない。左手に笏を持ち、右手で撒いてもよい。中央に塩を大きく広げて撒かないのは中央に筵が敷いてあるためである。中央に撒く場合は、土俵の「土端」に撒いている。

21)　この祝詞は 2003 年 6 月 20 日に 29 代木村庄之助からいただいたコピーである。「テニオハ」が漢字の当て字になっているが、そのほうが読みやすいからであるという。行司は、実のところ、祝詞をすべて暗記していて、漢字のほうが目で追いやすいそうだ。読みやすい漢字で表現したものとしては、たとえば 33 代木村庄之助著『力士の世界』（2007、pp.58-60）や内館牧子著『女はなぜ土俵にあがれないのか』（2006、pp.79-80）がある。

22)　拙稿「土俵祭の祝詞と神々」には異なる祝詞が他に 3 個紹介されている。33 代木村庄之助著『力士の世界』（文芸春秋社、2007、pp.58-60）にも見られる。なお、文言は立行司によって少し異なることがある。

今波　更爾　母白左久　弥遠永爾　栄辺行久倍伎　相撲乃　道波志毛
敏伎　心爾　術乎　尽志低　猛伎心爾　力乎　競倍低　勝負乎
争比　人乃　心乎　勇麻志牟留　神代奈賀良乃　国技奈禮婆　財団法
人日本相撲協会波　此処　両国国技館爾　古伎法乃　従随爾　土俵乎
築伎　明日乃　佳日与利　始米低　十五日乃間、力士等乃四股乃
響毛　高良賀爾　本年　好例乃　一月本場所乎　催志　行波牟登
須留爾　先立低　今日乃　満日爾　御祭利　仕辺　奉利低　大神達乃
貴伎　尊伎　御恩頼依利低　生日乃　執行比　成務牟留　事業爾
霊　幸波比　給比低　土俵乃　内外　日爾　異爾　恙美　禍事奈久
弥奨米爾　奨米　給比低　夜乃　守利　日乃　守利爾　守利　幸波比
給比登　乞祈　奉良介久乎　平良介久　安良介久　相諾比　聞食世
登　恐美　恐美　母白須」(29代木村庄之助のコピー)

⑭　祝詞奏上が終わると、司会者が「ご着席ください」という口上を述べる。一同着席する。

⑮　祭主は「書状」を前方の祭壇に置く。その後、笏を右から取り、拝礼を2回する。

⑯　笏を右の土俵上に置く。

⑰　柏手を2回叩く。

⑱　笏を右から取り、両手で支えながら拝礼を1回する。

「祭主祝詞」に関しては、29代木村庄之助から次のようなお話を聞いている。28代木村庄之助が平成5年に引退するとき、「祭主祝詞」と「方屋開口」を統一したらどうだろうかというお話があって、29代木村庄之助からは上に示した祝詞に統一されたという。しかし、同時に、先輩が教えてくれた祝詞や方屋開口を使ってもかまわないということでもあったので、行司によって表現が少し違うこともあるという。たとえば、恙美は「慎美」と表すこともある。

---

23)　現在は「公益財団法人」になっている。

　なお、29 代木村庄之助によると、「祭主祝詞」は土俵祭をする場所によってその表現が少し異なる。それを参考までに示す。

（1）　地方場所の場合[24]
　　①　名古屋本場所：財団法人日本相撲協会　並爾中日新聞社共催乃許爾　此処　愛知県体育館
　　②　大阪場所と福岡場所：協会主催で館名だけ。

（2）　稽古場の場合
　・財団法人日本相撲協会　　○○○部屋波　高良賀爾　相撲乃稽古乎　催志

（3）　新築部屋の土俵開きの場合
　・此処　○○○市　△△△番地爾　新築落成乃　○○○部屋波　平成○○年○○月○○日乃　今日乃　満日爾　古伎　法乃　従随爾　土俵乎　催志　行波牟登　須留爾　先立低　御奉利　仕辺　奉利低大神達乃

（4）　海外公演や海外巡業等の場合
　　海外公演では、時間の都合と言葉がわからないため、普通、「方屋開口」はやらない。しかし、香港巡業では全部やったそうだ。
　　1998 年カナダ公演のときもやったそうだが、そのときの口上は次のとおりだった。

24）　ここに示してある場所や館名は約 20 年前のものである。長い年月の間には開催場所が変わっているかもしれないし、同じ場所であっても館名そのものが変わっているかもしれない。そのような変化があったことは承知しているが、あえて現在の場所や館名は調べなかった。祝詞で重要なのは、本場所を開催したときの場所と館名を呼び上げることである。

・「此処　パシフィック、ナショナル、コロシアム爾　今日乃　満日爾
　　古伎　法乃　従随爾　土俵乎　築伎　力士等乃四股乃　響毛　高良
　　賀爾　大相撲カナダ公演乎　催志　行波牟登　須留爾　先立低　御奉
　　利　仕辺　奉利低大神達乃

8.　祭幣並びに献酒

司会者が「祭幣並びに献酒」という口上を述べる。[25]

① 向正面に着席していた2人の脇行司が立ち上がり、東と西に分かれて
　　1人ずつ、東と西の二字口まで進む。右手には笏を持ち、それを脇腹
　　に支えている。二字口まで来ると、立ち止まり、通い草履を脱ぐ。
② 中央の踏み台を上がる。丸土俵内の二字口で互いに立礼する。
③ 東の行司は右足から先に、西の行司は左足から先に踏み出して、中央
　　の白幣まで進む。白幣まで来ると、膝を曲げて、笏を腰に挿す。
④ 東・西の白幣を1本ずつ抜き取り、肩上の高さで左右に支える。
⑤ 立ち上がり、二字口へ下がる。立礼する。
⑥ 体の向きを変え、それぞれ青房下と黒房下へ進む。青房下と黒房下ま
　　で来ると、立礼する。白幣は肩上の高さに維持する。
⑦ 膝を曲げ、腰を低くして、幣を幣立てに入れる。
⑧ 立ち上がり、一歩下がり、それから白幣に向かって立礼する。
⑨ 後ろ向きに東と西の二字口まで下がり、二字口まで来ると、体の向き
　　を中央に向ける。
⑩ 中央の祭壇まで進み、腰を低くしてしゃがみ、白幣を1本抜き取る。
　　そして肩上の高さで両手で支える。
⑪ 立ち上がり、二字口で後ろ向きに下がる。二字口に来たとき、立礼する。
⑫ 脇行司2人は体の向きをそれぞれ赤房と白房に変える。東の行司は左

---

25)　祭幣並びに献酒の場合には、西方の行司は東方の行司に動きを合わすことが作
　　法である。

　　足、西の行司は右足をそれぞれ一歩ずつ外側へ出し、房のほうへ進む。
　　房下までくると、立礼する。このとき、祭主はお神酒を混合する。

⑬　脇行司は膝を曲げ、腰を低くして、白幣を幣立てに入れる。それから
　　一歩下がり、立礼する。

⑭　脇行司は後ろ向きに東と西の二字口まで下がる。二字口まで来ると、
　　体の向きを土俵中央に変える。立礼しない。

⑮　中央の白幣まで進み、膝を曲げ、腰を低くする。

　この後、脇行司2人は上げ俵に献酒する。その所作は、次のとおりである。

①　祭主からお神酒の入った瓶子を受け取る。東の脇行司から先に受け取
　　り、次に西の脇行司が受け取る。

②　脇行司は瓶子を両手で肩上の高さに支えながら、立ち上がる。

③　二字口へ後ろ向きに下がり、二字口に来ると、立礼する。

④　一歩下がり、体の向きを赤房と黒房へ変え、それから進む。

⑤　赤房下と黒房下まで来ると、白幣に向かって立礼する。

⑥　膝を曲げ、腰を低くして、お神酒を左、右、左の順で上げ俵に献酒する。

⑦　お神酒の献酒が終わると、瓶子を支えたまま一歩下がり、立礼する。

⑧　そのまま後ろ向きに東と西に二字口まで下がる。

⑨　二字口で体の向きを土俵に向け、丸土俵内の二字口で立つ。

⑩　その後、中央へ進まず、体の向きを赤房と白房へ向ける。東の行司は
　　左足、西の行司は右足を一歩ずつ丸土俵の外へ出す。そして両足を揃
　　える。

⑪　赤房下と白房下へ進む。房下まで来ると、体の向きを白幣に向け、立
　　礼する。瓶子は房下の高さで維持する。

⑫　蹲踞してお神酒を左、右、中央の順に献酒する。

⑬　立ち上がり、うしろ向きに東と西の二字口へ下がる。

⑭　体の向きを土俵に向け、丸土俵内の二字口に立つ。土俵中央の白幣の
　　ほうへ進む。そして腰を低くしてしゃがむ。

⑮　脇行司は瓶子を祭主に渡す。東の行司が先に、次に西の行司が手渡す。

上げ俵へ献酒が済むと、榊立てや幣立て台を土俵から下げる。その手順は次のとおりである。

① 東の脇行司は「榊の枝」を台とともに両手で取り、肩の高さで支える。

② 立ち上がり、二字口へ後ろ向きに下がる。そこで立礼する。

③ 体の向きを東に変える。土俵下で待っている別の行司は立礼し、榊を台とともに受け取る[26]。

④ 行司は榊に向かって立礼する。土俵下で榊を受け取った別の行司は立礼せず、直立のままである。

⑤ 脇行司は体の向きを土俵に変え、土俵中央へ進む。そして膝を曲げ、腰を低くする。

⑥ 東と西の幣立てを取り、両手で支え、二字口へ下がる。そこで立礼する。

⑦ 体の向きを東と西にそれぞれ変え、土俵下で待っている別の行司にそれを渡す。受け取る行司は立礼してから、幣立てを受け取る。

⑧ 脇行司は丸土俵内の二字口に下がり、そこで幣立てに立礼する。幣立てを受け取った行司は立礼しない。直立のままである。

⑨ 脇行司は体の向きを土俵に変え、中央へ進む。そして膝を曲げ、こしを低くする。そのあいだ、幣立てを受け取った行司は向正面に向かって進む。向正面では幣立てを受け取る別の行司が待っている。

⑩ 東の行司は瓶子2本を載せてあった三宝を祭主から受け取る。その後で、西方は神饌を載せてあった別の三宝を受け取る。

⑪ 脇行司は2人とも立ち上がり、東と西の二字口へ下がる。三宝は肩の高さに維持する。

⑫ 二字口まで来ると、立礼する。

⑬ 体の向きを東と西に変え、三宝は土俵下で待っている別の行司に手渡す。手渡す前に角俵の内側に一歩進む。土俵下で待っていた行司は立

---

26)　土俵下で待っている行司は「行司監督」である。この「行司監督」は十両格以上で3名を選ぶが、普通、三役、幕内、十両から1名ずつ選ぶそうである。

礼し、その後で受け取る。

⑭　脇行司は丸土俵内の二字口へ一歩下がり、三宝に立礼する。受け取った行司は立礼しない。立ったままである。三宝を受け取った行司は向正面に向かって進み、そこで待っていた別の行司に三宝を手渡す。

⑮　脇行司は体の向きを土俵に変え、土俵中央へ進む。そして腰を低くしてしゃがむ。

⑯　土俵から下げた三宝から行司が向正面で鎮め物を用意する。1枚の土器に鎮め物を入れて、やはり2枚目の土器で蓋をし、奉書紙で包む。その上を紅白の水引（2本）で縦横に結ぶ。

　この後、前方に立ててあった3本の白幣を持ち帰る。その手順は次のとおりである。

①　3本に幣が立ててある台を2人の脇行司は両手で持ち上げ、祭主の前へ移動させる。中央の穴より向正面寄りに移動させる。その後、東の脇行司、祭主、西の脇行司はそれぞれ1は東本ずつ白幣を台から抜き取る。

②　東の脇行司は東の二字口、祭主は向正面の二字口、西の脇行司は西の二字口へ後ろ向きに下がる。白幣は肩上の高さで維持する。

③　3人の行司はそれぞれの二字口で同時に立礼する。そして中央の踏み俵から土俵下へ降りる。

④　呼出しが土俵に上り、3本の白幣を立ててあった台を土俵下へ運び出す。[27]

⑤　脇行司2人はそれぞれ通い草履を土俵下で履き、白幣を両手で支えたまま、赤房下と白房下へ進む。そこには、白幣を受け取る別の行司がそれぞれ1人ずつ待っていて、白幣を受け取る。

---

27)　現在、白幣3本は行司控室の神棚に立てている。以前は、1本だけを立て、他の2本は控室の適当な場所に置いてあった。白幣3本の扱いについては、本書の第2章でも述べている。

⑥ 脇行司は白幣を手渡した後、向正面の椅子に向かい、着席する。祭主は土俵下の踏み俵近くで立って待っている。

9. 方屋開口

司会者が「方屋開口」という口上を述べる。柝の音が三つ入る。

① 祭主は二字口に上がり、正座する。
② 膝を上げて、左、右、左と体を 3 回転させながら、中央の穴の前まで進む。
③ 正座し、軍配を膝の上に立て、礼をする。
④ 軍配を体の前で左、右、左と大きく振る。
⑤ 軍配を膝の上に立て、「開口故実」を言上する。[28]

> 「天地(あめつちひら)開け始めてより、陰陽(いんよう)に分(わか)り、清く（又は澄(す)み）明(あき)らかなるもの陽(よう)にして上(うえ)にあり、これを勝(かち)と名づく。重く濁(にご)れるもの陰(いん)にして下にあり、これを負(ま)けと名づく。勝負(かちまけ)の道理(どうり)は天地(あめつち) 自 然(おのずからしかる) の理(ことわり)にして、これを為(な)すは人なり。清く潔(いさぎ)よきところに清浄(せいじょう)の土を盛(も)り、俵(たわら)をもって関所(せきしょ)（又は形(かたち)）となすは、五穀成就(ごこくじょうじゅ)の祭事(まつりごと)なり。一つの兆(きざ)しありて形(かたち)となり、形なりて前後左右を東西南北、これを方(ほう)という。その中にて勝負(かちまけ)を決する家(いえ)[29]なれば、今初(はじ)めて方屋(かたや)といい名づくなり」（相撲博物館所蔵の「土俵祭」〈ビデオ〉、1996、句読点を追加した）

⑥ 言上が終わると、礼をする。

---

28) 拙稿「土俵祭の祝詞と神々」には他に 5 個の異なる「方屋開口故実」の例を掲載している。33 代木村庄之助著『力士の世界』（文芸春秋社、2007、p.61）にも見られる。
29) 「勝負を決する家なれば」は「勝負を決するゆえなれば」と表現することもあるという。これは 41 代式守伊之助に教えてもらった。本人は「家」を唱えているという。

⑦ 祭主は立ち上がる。

⑧ 二字口へ 3 歩後ろ向きに下がる。

⑨ 土俵下へ降りる。上草履を履く。

⑩ 呼出しが土俵に上り、筵を片付ける。

⑪ 祭主は真ん中の椅子に着席する。

　「開口故実」に関しても表現が少し違うものが見られる。29 代木村庄之助によると、これも「行司部屋」が独立する以前の流れを反映している。昭和 33 年に「行司部屋」が独立するまでは、一門以外の行司は他の一門の先輩の土俵祭を見る機会はまったくなかったし、同じ一門の行司でも独自に口上を述べていたという。年功序列、先輩と後輩の徒弟的な制度、口伝的な要因などが重なって表現に違いが生じたというわけである。

10. 鎮め物

　司会者が「鎮め物」の口上を述べる。

① 脇行司 2 人と祭主は立ち上がる。祭主は紅白の水引を掛けた鎮め物の包み、東の脇行司は瓶子 1 本、西の脇行司は土の入った紙舟を持っている。

② 東の脇行司は東の二字口へ、西の脇行司は西の二字口へ進む。脇行司がそれぞれに二字口に着くまで、祭主は向正面の土俵下で上草履の履き、立って待っている。

③ 脇行司 2 人は東と西の二字口まで来ると、草履を脱ぐ。

④ 脇行司 2 人と祭主は同時に土俵に上る。

⑤ 東、向正面、西の二字口で 3 人揃って立つ。そして同時に 3 人とも中央の穴まで進む。3 人揃って立ったとき、立礼はしない。

⑥ 3 人腰を低くしてしゃがむ。

⑦ 祭主が袋に包んである鎮め物を穴に埋める。

⑧ 鎮め物を埋めた後、祭主は瓶子を東の脇行司から受け取り、お神酒を

3回注ぐ[30]。その後、瓶子を脇行司に返す。次に、西の脇行司から紙舟に包んだ土を受け取り、土だけ穴に軽く注ぐ。その後、土を包んであった紙舟を脇行司に返す。

⑨ 祭主は腰に挿してあった笏を取り、右手で脇腹に持つ。

⑩ 行司3人は立ち上がり、東、向正面、西の二字口へそれぞれ後ろ向きに下がる。

⑪ 二字口で同時に立礼し、土俵下へ降りる。脇行司は通い草履を履く。

⑫ 脇行司は向正面に向かい、そこで椅子に着席する。祭主は土俵下で待つ。

この後、祭主が徳俵に献酒する。この「祭主徳俵献酒」は、大体、次の手順で行われる。

① 祭主はお神酒の入った瓶子を向正面の土俵下で受け取る。

② 祭主は向正面の二字口へ上がる。土俵を背にして、向正面に向く。瓶子は肩上の高さで、両手で支える。

③ 向正面の徳俵にお神酒を左、右、中央の順で献酒する。そして立ち上がり、立礼する。

④ 西に体の向きを変え、二字口まで進み、二字口まで来ると、西に向き、立礼する。そして腰を低くし、左、右、中央の順で献酒する。そして立ち上がり、立礼する。

⑤ 体の向きを正面に変え、正面の二字口へ進む。二字口まで来ると、立礼する。腰を低くして左、右、中央の順でお神酒を献酒する。そして立ち上がり、立礼する。

⑥ 体の向きを東に変え、東の二字口へ進む。二字口まで来ると、立礼する。

⑦ 腰を低くしてお神酒を左、右、中央の順で献酒する。立ち上がり、立礼する。

⑧ 体の向きを向正面に変え、二字口へ進む。二字口まで来ると、正面に

---

30) お神酒を3回注ぐのは三神に捧げるためだという。

向く。立礼する。瓶子は肩の高さに両手で支える。

⑨ 立礼の後、土俵下へ降りる。瓶子は土俵下で待っている別の行司に手渡す。

⑩ その後、手を拭き、通い草履を履いて中央の椅子に着席する。

　これに続いて、「直会」(参加者御神酒拝戴)という儀式が行われる。これは、大体、次の手順で行われる。

① 脇行司2人が立ち上がり、東と西から正面に向かい、そこで着席している審判部長1人、理事長、審判副部長2人にお神酒を授ける。行司は右手に瓶子、左手に盃を持っている。最初に、右の脇行司が理事長、左の脇行司が審判部長にそれぞれお神酒を授ける。次に、右の脇行司が右端の審判副部長、左の脇行司が審判副部長にそれぞれ授ける。

② 正面の4人にお神酒を授け終わると、今度は東と西に着席している審判委員たちに一人ずつお神酒を授ける。

③ お神酒を授けているあいだに、明日の取組表が配布される。

11. 触れ太鼓土俵三周

　司会者が「触れ太鼓土俵三周」という口上を述べる。立呼出しは赤房下に待っていて、太鼓が花道から土俵近くへ来たときに先導する。太鼓を担いだり、叩いたりする呼出しは全員、草履を履いている。[31]太鼓を先導する立呼出しも草履を履いている。

① 東の花道から2基の太鼓が現れる。

② 入場する太鼓は立呼出しが先導する。

③ 太鼓を打つ呼出しは2人、太鼓を担ぐのは2人である。右脇の1人が面を打ち、左脇の1人が胴を叩く。

---

31)　呼出しは土俵上では足袋だけを履くが、土俵祭では足袋とともに「草履」も履く。

④　太鼓は左回りに土俵を三周し終わると、東の花道へ下がる。[32]

　司会者が「以上を持ちまして、土俵祭を終わります」という口上を述べる。参列者は退席する。向正面の行司3人も立礼後、席を立ち、東の花道へと向かう。

　土俵祭の終了後、素表四隅に立てた白幣は、呼出しが土俵の四房の内側に括り付けられる。それによって、四隅の神々の臨在を示す。この白幣は初日から千秋楽まで四隅の房に飾る。また、行司が1本ずつ持って降りた3本は行司部屋の神棚に祀られる。この白幣は行司によって祀られる。

12. 本場所以外の土俵祭

　土俵祭は土俵を新しく築くと、必ず執り行うが、本場所以外の土俵祭について簡単に触れておく。これは29代木村庄之助に教えてもらったものである。

（1）　稽古初めには東京場所であろうと地方場所であろうと、普通、相撲部屋で土俵祭を行う。一門の行司やその部屋の行司が行う。本場所とは違い、各部屋の土俵祭では行司装束である。

（2）　地方ではその町の神社の宮司が行うこともある。また、幕下以下の行司が行うこともある。

（3）　稽古場は、本場所と違い、一人でやることが多い。本場所の脇行司と祭主を一人二役でやるので、清祓いの祝詞だけの場合もある。しかし、幕内格行司くらいからは方屋開き言上を述べる。
　　　部屋の稽古場の土俵祭では、四隅に献酒し、土俵の勝負俵を一周し

32）　太鼓が三周することに関しては、たとえば拙著『大相撲の歴史に見る秘話とその検証』（2013）の第2章「土俵三周の太鼓と触れ太鼓」でも詳しく扱っている。

ながら献酒する。この場足は、向正面から西方の方面にお酒を撒きながら一周して向正面から下がる。

(4)　地方巡業の土俵祭では、土俵を築いた呼出し連が勧進元や世話人等を招いて興行の安泰を祈る。特に地方巡業は一日で終わることが多いので、土俵祭もかなり簡略化されたものになる。一般的には、お酒と塩を撒いて土俵を清めるだけで、祝詞を唱えることもない。

(5)　新築した相撲部屋の土俵開きは本場所と同じだが、土俵祭の後、横綱土俵入りがある。しかし、部屋によって簡略化し、神官や行司一人でやることもある。

13. 今後の課題

　今後の課題としては、取り上げた動きや記述が正しいかどうかを調べることである。動きのあるものを切り取って箇条書きしていくわけだから、正確さに欠けていることは否めない。それから、本章で取り上げていない動きや所作としてどんなものがあるかを調べることである。重要な動きや作法を見逃しているかもしれない。同じように見えるものでも、視点を変えれば、別物ということもある。

　最後に、研究の本題から逸れるが、土俵祭の動きや作法の研究を始めたことについて触れておく。土俵祭について研究らしきものを始めたのは、平成 10 年（1998）から 11 年（1999）である。22, 3 年前の研究ということになる。土俵祭はその頃、一般には公開されていなかった。一般公開になったのは、平成 12 年 5 月からなのである。

　土俵祭が重要な神事であることはわかっていたが、その祭りでどんなことが執り行われているかはあまりわからなかった。相撲関連の雑誌や本などで写真を見ても、重要な場面を一部掲示しているだけで、どんな動きをしているか、具体的にはまったくわからない。一度、土俵祭を見てみたいと思った。それで、国技館の広報部に行き、研究の趣旨を説明し、見せて

もらえないかとお願いした。しばらくして、特別に土俵祭を見学させるという連絡を受けた。特別許可証らしきものはなかった。土俵祭の当日、係の人に広報部から連絡があったらしく、祭の開催15分前に国技館の会場に入れてもらった。

ノートを取りながら、土俵祭の状況を見ていたが、頻繁に流れるような動きがあり、それをうまく表現できなかった。結果は、期待通りにはいかなかった。正確にその場の様子を文章化できないのである。動く映像があれば、スピードを加減できる。土俵祭見学の後、そのような映像がないか、29代木村庄之助に尋ねてみると、相撲博物館に28代木村庄之助が監修した「土俵祭のビデオ」があるという。早速、博物館に連絡を取り、ビデオを見せてくれないかとお願いしたところ、研究のためなら「よろしい」ということになった。

確か3、4日くらい、ビデオを見ながら、動きを一つ一つチェックした。その結果が本章である。動きを記述しながら、なぜそのような動きをするかとかなぜ大相撲でそのような土俵祭をするかなどについても関心はあったが、とりあえず動きを余すところなく、できるだけ詳細に記述することにした。それと並行しながら、土俵祭に関し、わからないことがあると、29代木村庄之助に教えてもらった。そういうことで、本章では29代木村庄之助がよく出てくる。

土俵祭の研究をするには、専修大学の個人研究助成の援助を受けたことも記しておきたい。その成果は専修大学の『専修人文論集』第74号（平成16年）に発表している。それを本書の一部として取り入れたわけである。研究を始めてからすでに約20年が過ぎている。しかし、土俵祭の動きや作法は何も変わっていないように見える。祭りの参列者に変化がある。現在は上位力士も参列するようになっているからである。その他にも細かな違いはあるかもしれないが、あったとしてもごくわずかであろう。動きや所作そのもの核心部分は変化していないと思う。実際はどうだろうか。

今では、土俵祭をじかに見ることができる。また、インターネットでも土俵祭の映像を自由に見ることができる。本書で書かれていることが正しいかどうか検証することは容易である。それを今後の研究にどのように生

かすか、その進展を見守りたい。大いに期待している。

第4章　行司の昇進年月

1.　本章の目的[1]

　本章の目的は昭和2年春場所の番付表から始め、それ以降十両以上になった行司の昇格年月と改名年月を詳細に調べることである。簡単に言えば、行司の行司歴を提示することである。調査に当たっては、便宜上、次の四つに区分してある。

- A.　昭和2年春場所の十両以上行司
- B.　昭和34年11月までの十両以上行司
- C.　昭和35年以降の十両行司
- D.　現在の十両以上行司

　昇格年月や改名年月は大相撲の雑誌、新聞、小冊子、行司の自伝、書籍など、多くの資料を参照している。明治時代と大正末期までは行司の昇格年月が当時の新聞に記載されており、大いに参考になった。有資格者としての十両以上行司であれば、取り上げられても不思議ではないが、意外にも幕下以下の昇格や改名なども取り上げられていることがある[2]。他の文献

---

1)　特に現役行司に関しては行司・木村元基（幕内）にご協力いただいた。ここに改めて、感謝の意を表しておきたい。

2)　昭和初期から34年までと明治30年から明治末期までの番付に関しては拙著『大相撲行司の伝統と変化』の第8章「昭和初期の番付と行司」、第9章「明治30年以降の番付と房の色」でも扱っている。また、大正期の番付に関しては『大相撲行司の軍配房と土俵』の第8章「大正時代の番付と房の色」でも扱っている。行司の昇格と改名の年月に関しては拙著の中で詳しく提示してあるので、本書では

では、多数の行司の出世歴が一覧になっている場合もあるし、数名の行司[3]の出世歴が記されている場合もある[4]。また、行司の特定階級の昇格年月がたまたま記されていることもある[5]。活用した文献や資料をすべて記すとなると、膨大な数になる。そのため、本章では主な出典のみを記してある。

　本章をまとめるにあたり、特に参考にした文献が三つある。それを特別に記しておきたい。一つは、『大相撲人物大事典』の「行司代々」（pp.685-706）である。行司の系譜に関しては、その代数を特に参考にした。二つは、伊藤八郎筆「昭和の行司大集合」（『相撲趣味』第102号、相撲趣味の会、平成2年2月、pp.8-30）である。昭和以降の十両行司をリストアップしてあるだけでなく、昇格年月と改名年月などが詳しく記されている[6]。三つは、安田武宏筆「行司の昇進と改名」（『大相撲』、昭和36年7

それについて詳しく提示していない。

3)　たとえば、新田勝筆「庄之助はなぜやめた！」（『大相撲』、昭和47年7月号、pp.76-9）には25代木村庄之助から木村幸久（のちの3代木村正直）までの行司の改名表と昇進表がある。それを見れば、どの行司がいつ昇格し、いつ改名したかがわかるようになっている。類似する参考文献には、たとえば渡辺港（ママ：本書注）太郎筆「行司の改名と昇進」（『相撲』、昭和55年2月号、pp.162-3）もあり、当時の十両行司の昇進場所や昭和35年1月以後の立行司の解明などが提示されている。あとは、参考文献に提示されている年月が事実と合致するかどうかを確認することである。

4)　たとえば、新田勝筆「その後の四庄之助」（『大相撲』、昭和47年5月号、pp.57-61）には25代・24代・23代・22代木村庄之助の簡単な行司歴が記されている。このような記事は行司歴の確認に大切である。一般的に言って、このような記事では幕下になるまでの行司歴は省略されていることが多い。

5)　たとえば、二十一代木村庄之助著『ハッケイ人生』（昭和41年）には「私が入門したのは数え年の九つで、明治三十年の暮れも押し迫ったときでした。（中略）。長野の巡業で入門し、（中略）三十一年の一月場所が待っていました。この場所から、私は前相撲の行司として土俵に上ったわけです」（pp.23-4）とある。淡々と語っている中に、入門や初土俵の年月が入っている。行司歴がまとめられていなくても、相撲の話の中で昇格年月や改名年月が含まれていることがある。実際、『ハッケヨイ人生』には行司歴のまとまった記述はない。

6)　伊藤八郎筆「昭和の行司大集合」では行司の所属部屋も記されている。その論考では林之助、庄三郎、玉光を三役行司として分類してあるが、本書では幕内・

月号、pp.106-7）である。23 代木村庄之助が勤めていたころの現役行司の「行司昇進表」と「行司改名表」が別々に掲載されている。時期が限定されているが、当時の行司を調べるのには大いに参考になる。

　拙著『大相撲行司の伝統と変化』(2010)の第 8 章「昭和初期の番付と行司」と第 9 章「明治 30 年以降の番付と房の色」、それから『大相撲行司の軍配房と土俵』(2012)の第 8 章「大正時代の番付と房の色」の中には、各行司の昇進年月や改名年月の確認に役立つような資料がたくさんある。特に明治期や大正期には行司の昇進や改名などを新聞が取り上げている。

　なお、本章で使用する記号は次のとおり。

㊼ 初土俵	㋺ 序ノ口	㋥ 二段目
㊂ 三段目	㋦ 幕下	㋬ 十両
㋹ 幕内	㋻ 三役	㋑ 式守伊之助
㋺ 木村庄之助	㋾ 副立行司	㋐ 玉之助
（再）再度	（合併）昭和 2 年春場所	㋝ 参考
錦太夫 8　8 代目錦太夫	? 不明	／ または
M 明治	T 大正	S 昭和
H 平成	R 令和	

　立行司の代数は特別扱いし、〈　〉で囲んで示してあるが、三役以下の代数は行司名の横に数字で示してある。最近受け継がれたと思われる行司名の代数は省略することもある。また、代数で難しいのは、たとえば、真之助と慎之助、英男と英雄、春夫と春男を別々の代数とするか、同じ読みで漢字が違うだけとみなし、同じ代数とするかである。同一行司が繰り返し使うこともある。これをどうするかは、まだ決着していないかもしれない。読み方が同じで漢字だけが違う行司名は同じ代数とみなしているが、本書ではあえて代数をつけないことにしてある。

紅白房として分類している。伊藤氏が正しければ三人は朱房だし、本書が正しければ紅白房である。どちらが正しいのだろうか。

なお、昇格年月や改名年月が予測はできても、不確かなものはあえて「？」としてある。そのことで、特に初土俵から幕下までの場合、その記号が多くなっている。[7]番付表では行司間に明確に区切り（余白）があり、なんらかの区別があることはわかるが、それが階級の境目を明確に表しているかどうか不明である。これは注意して調べれば、いずれどういう意味の空白なのかわかるかもしれない。さらに、どの時代の番付表でも同じ意味を持つのか調べる必要がある。もし同じ意味を持つことがわかれば、下位行司の昇格年月はすぐわかるようになるかもしれない。

2.　昭和2年春場所の十両以上行司

　合併相撲になったとき、行司の人事に大きな変化があった。位階の格下げも行われている。その主なものを記す。[8]

（1）　木村玉之助が大阪相撲では第一席の紫房だったが、立行司の第三席

7）　『大相撲画報』（昭和32年11月、朝日新聞社）の「勝負をさばく人たち〈行司一覧〉」（pp.24-7）には当時の行司（49人）の写真が一名ずつ掲載されていて、「初土俵」の年月を知ることができる。式守宗四郎（三役）と木村正信（幕内格）は病気療養中で除外されている。このようなまとまった名鑑がない場合、初土俵を知るには個々の文献に当たらなければならない。しかし、まとまった記述があったとしても、それが正しいのかどうかは必ずしも明らかでない。何に基づいて記述してあるのかわからないので、その真偽は吟味する必要がある。たとえば、入門、待機、採用、見習いなどと混同していないかなど。義務教育修了を条件とするまでは幼いころから入門させていた。

8）　大正末期と昭和2年春とでは位階に格下げがあり、房色が異なる行司が何人かいる。この変化をすべて行司歴で記してあるわけではない。記す場合は、斜線の後に年月と（再）としてある。大正15年5月から昭和2年1月に継続している行司の場合、合併によって格下げされていないかどうかは調べる必要がある。その際、いた場合は房色がどのように変化し、その後、いつの時点で元の階級に戻ったかも確認しなければならない。

に格下げされ、第三席の半々紫白房になった。[9]

(2)　木村清之助が大阪相撲では第二席の紫白房だったが、朱房の三役格に格下げされた。草履をはく奪され、足袋になっている。

(3)　木村庄三郎と木村林之助は朱房の三役行司だったが、幕内行司になっている。「紅白房」に格下げされている。

(4)　十両行司（青白房）の義、真之助、庄吾、善太郎、喜市、慶太郎、勝次、啓太郎は幕下（青白房）に格下げされている。[10]

　また、昭和 7 年 1 月には春秋園事件があり、協会相撲を脱退した行司もいる。たとえば、式守豊之助、式守政治郎、式守伊三郎（義）、木村庄吾、木村勝次、木村弥三郎、木村正芳などである。協会相撲に復帰した者もいるが、そうでない者もいる。春秋園事件では脱退した力士が多かったため、番付を作り直している。この場所には番付が二つある。一つは 1 月付の番付であるが、それに基づく場所は開催されなかった。もう一つは 2 月付の番付であり、それに基づく場所は開催されている。本書では両方の番付を適宜に採用している。

　昭和 2 年番付に見える行司は、その行司歴がはっきりしないものもある。上位になればなるほど、それが顕著である。特に大阪相撲出身の行司の場合、合併相撲以前の行司歴が不明である。上位の階級に入っている行司であれば、過去の行司歴がもう少し明らかになっていてもおかしくないが、それを詳しく記述してある文献がほとんどない。大阪相撲の番付を調べれば、正確な昇格年月や改名年月がかなりわかるかもしれないが、本書を執筆している段階ではその番付を調べることができなかった。主としてコロナ禍のためである。昭和 2 年春場所以前の行司歴は、今後の研究に俟たな

---

9)　大阪相撲からは玉之助、清之助、玉光、正直、友次郎、金吾、滝夫などが加入している。下位行司にも何人か加入しているはずだが、本書の執筆段階ではそれを確認できなかった。

10)　『都新聞』（昭和 2 年 1 月 8 日）の「新番付発表」には「（前略）これまで十両格で足袋行司であったが幕下格となり足袋をはけなくなった」とある。

くてはならない。

　現在は初土俵から序ノ口へと出世していくが、昭和30年以前は必ずしもそのようなステップを踏んでいない。初土俵前、相撲部屋にしばらく滞在していたり、初土俵を踏んでも序ノ口に掲載されるまでに「見習い」のようにしばらく過ごしていたりしている。常にそうだったのかというと、必ずしもそうではない。本書では入門や見習いなどの年月はほとんど考慮せず、「初土俵」にポイントを置いている。それでも初土俵が明確でない場合もある。初土俵は番付に載らないからである。その場合は、番付表記載の序ノ口が重要になってくる。

　年月は明確でないが、以前は行司の昇格や房色の変化する年月は、場所の前後にもあったし、場所中にもあった。新聞を見ると、たとえば場所の7日目より青白房から紅白房に昇格したという記述がある。その昇格年月や改名年月が明確であっても、年に二場所しかなかった頃、どの場所にするかは判断が難しいことがある。本書では場所前と場所中であれば、その場所の年月として判断している。場所後であれば、その次場所の年月としている。実際の年月と場所の年月が異なることから、「一場所」の違いはときおり見られる。その意味では、「一場所」の違いはたいして重要ではないと言ってもよい。

---

11)　行司に定年制が敷かれる前は序ノ口に昇進するのも不定期だったし、序ノ口に昇進してもしばらくその地位に据え置かれたりしていた。33代木村庄之助著『力士の世界』（文芸春秋社、2007、p.17）によると、序ノ口に5年間も据え置かれていたことが書いてある。本書でも番付に記載される序ノ口以前の経過があいまいになっている。

12)　序ノ口に出世する前に「入門」、「初土俵」、「本中」、「見習い」、「採用」などがどの時期に存在し、現在までにどのような変遷があったかなどは調べてみる必要がある。なぜそのような用語があるのかも興味ある問題である。行司歴を調べるなら、これらのステップも厳密に記す必要があるのだが、本書はそのことをあたかも存在しなかったかのように扱っている。調べるのが「容易でない」という理由で、本書ではあえて触れないことにしてある。もっと正確な行司歴を作成するなら、序ノ口に掲載する前の年月も記す必要がある。これは、今後の研究にゆだねたい。

〈昭和 2 年春場所の十両以上行司〉

・木村庄之助[13]　　㊜ ?　　㊥ M18.1[14]　　㊂ ?　　㊦ ?　　㊉ M25.1　　㊤ M33.1　　㊭ M38.1　　㊜〈13 代〉T11.1~14.5　　㊛〈19 代〉T15.5~S7.5。㊬式守多喜太（初名[15]）、錦之助 2（M26.1~32.1）、錦太夫 4（T11.5~15.5）、与太夫 5（M32.5~T10.5）。

・式守伊之助[16]　　㊜ M19.1　　㊥ M21.5　　㊂ ?　　㊂ ?　　㊦ M28.1　　㊉ M32.1　　㊤ M35.1　　㊭ M42.5　　㊜〈15 代〉T15.5~S7.5　　㊛〈20 代〉S8.1~15.1。㊬子之吉（初名）、錦太夫 3（M32.1~T11.1）、与太夫 6（T11.5~15.1）、松翁（S11.1）[17]。

・木村玉之助[18]　　㊜ M21.9　　㊥ ?　　㊂ ?　　㊂ ?　　㊦ ?　　㊉ M31.4

---

13)　入門が明治 10 年代後半なので、新聞でも幕下までの昇格年月は記述されていないかもしれない。相撲の記事が多くなるのは、明治 20 年代に入ってからである。

14)　「二十二代木村庄之助一代記 (9)」（『大相撲』、昭和 54 年 3 月号、p.146）に基づく。

15)　番付表では「多喜太」の「太」は最初の頃は常に同じ漢字には見えない。「22代庄之助一代記 (9)」（p.146）では初名を「多喜司」としているが、私には「多喜田」に見える。

16)　自伝『国技　勧進相撲』（昭和 17 年）には序二段と三段目の昇格年月は見つからない。二十代木村庄之助筆「行司生活五十一年」には明治 19 年 11 月に入門とあり、番付に子之吉として載ったのは翌 21 年 5 月とある。松翁（20 代木村庄之助）に関する雑誌記事はたくさんあり、序二段や三段目昇格の年月はすぐわかりそうだが、今のところ、不明である。なお、19 代木村庄之助から 28 代木村庄之助と 16 代式守伊之助から 28 代式守伊之助の初土俵と幕内以上の昇格年月は「立行司になるまで」（『大相撲』、平成 6 年 5 月号、pp.135-7）にも見られるが、その年月にいくつか違いがある。

17)　昭和 11 年春場所（1 月）番付では「松翁木村庄之助」として記載されている。この「松翁」については拙著『詳しくなる大相撲』（2020）と『大相撲行司の松翁と四本柱の四色』（2020）でも扱っている。

18)　大阪相撲では主席だったが合併相撲では第三席の立行司となっている。式守伊

㊤33.6　㋿M43.1　㋓〈10代〉T10.6~S12.5。㋞大阪行司から加
入。引退後・年寄岩友。岩井駒千代（初名）、木村重次郎（M25.9）、
岩井重之助、槌之助（M31.4）、木村槌之助、重次郎（33.6）、晴彦（T5.1）、
玉之助（T10.6）のように、改名を繰り返したという記述があるが、
その年月は確認していない。

・木村清之助[20]　㊡M20.9　㋺？　㋥？　㋼？　㋒？　㋛M38.5　㊤
45.1　㋿T7.1~17.5。㋞大阪行司から加入。下位行司に順位を譲り、
最後まで三役のままだった。死去（S17.12）

・式守与太夫[21]　㊡M31.1　㋺M32.5　㋥？　㋼？　㋒M41.1[22]　㋛
44.6　㊤T11.1　㋿S2.1　㋑〈16代〉S7.10~13.5。㋞亀司（初
名）、亀吉、亀二、亀治を経て錦之助4（M43.1~11.1）、錦太夫4
（T11.5~15.5）[23]、与太夫7（S2.1~7.5）。兵役復帰後に幕下（T2.1）だっ
たが、調整して十両（T2.5）。引退後・年寄立田川。

之助と同様に、房色は「紫白」だが、実際は「半々紫白」である。「晴彦立行司
に出世」（『角力雑誌』、大正10年5月号、p.59）に大まかな行司歴が示されている。
そこには「槌之助」ではなく、「進之助」が使われているが、どれが正しい表記
はわからない。残念ながら、幕下以下の昇格月は記されていない。

19)　昭和2年の合併相撲で大阪等から加入した上位の行司については、拙著『大相
　　撲行司の伝統と文化』（2010）の第8章「昭和初期の番付と行司」でも扱っている。

20)　加藤隆世筆「行司を語る」（『国技大相撲』、昭和16年5月号、pp.33-4）には「明
　　治20年初土俵」（p.34）とある。「故木村清之助」（『相撲と野球』、昭和18年1月号、
　　p.44）にも「明治20年」のことは書いてある。

21)　『読売新聞』（明治45年1月6日）の「番付の変化」に「行司の格足袋は錦之
　　助が一枚ふえ、」とある。それによると、錦之助は昇格したわけではなさそうだ。

22)　これは『毎日電報』（明治41年1月29日）の「櫓太鼓」に基づく。

23)　『日本新聞』（大正3年1月18日）の「昇進した行司」によると、錦太夫は十両（格
　　足袋）に昇進している。

・式守勘太夫²⁴⁾　㋩M31.1　㋺M33.1　㋥?　㋛?²⁵⁾　㋬M42.5　㋣T2.5²⁶⁾　㋕T3.5²⁷⁾　㊌T15.1/S2.1（合併）²⁸⁾　㋓〈11代〉S13.1~13.5　㋑〈17代〉14.1~15.1　㋜〈21代〉S15.5~26.5。㋙与之吉3（初名）、勘太夫4（T15.1~S12.5）。明治42年から大正2年まで兵役。引退後・立田川。

24)　二十一代木村庄之助（竹内重門）著『ハッケヨイ人生』（実業之世界社、昭和41年）と中村倭夫著『信濃力士伝　昭和前篇』（甲陽書房、昭和63年）に基づく。自伝では行司歴が簡潔にまとめられていない。

25)　二十一代木村庄之助（竹内重門）著『ハッケヨイ人生』と中村倭夫著『信濃力士伝　昭和前篇』には、残念ながら、序二段と三段目の昇格年月は書いていない。

26)　21代木村庄之助著『ハッケヨイ人生』（pp.71-2）には先場所「幕下」に掲載されたが、翌場所から他の行司たちの昇進に合わせて「十両」に記載されたと書いてある。

27)　自伝『ハッケヨイ人生』（p.72）では「5.5」に昇進したとあるが、下位の玉治郎の「4.5」より遅いことはなかったはずである。

28)　昭和2年に入ってから朱房（再）が授与されたことに関しては1月とするものと5月とするものがある。5月とすれば、1月にいったん紅白房になったことになる。自伝『ハッケヨイ人生』では大正15年1月に三役格に昇進し、朱房になったとある。勘太夫が昭和に入って、どの場所で三役になったかによって、昭和2年1月と5月は重要な意味を持つことになる。すなわち、春場所に三役になっていれば朱房のままだし、5月であれば春場所にいったん紅白房になったことになる。これに関しては、拙著『大相撲行司の伝統と変化』でも詳しく扱っている。

・木村林之助[29] （初）M31.5[30] （ㅁ）M32.6 ?[31] （二）? （三）? （下）M40.6 （十）M42.5 （内）M45.1/S2.1（再） （役）T14.1/S7.2（再） （玉）〈12 代〉14.1~15.1 （伊）〈18 代〉15.5~26.5 （庄）〈22 代〉26.9~34.11。（参）林之助 1〈東京相撲の初名〉T14.1~S10.5、容堂（11.1~13.5）に改名。もともとは大阪相撲の行司だった。大正 11 年末に離脱し、しばらく出羽海部屋で過ごす。大正 14 年 1 月番付で木村林之助として載る[32]。昭

---

29) 木村庄之助（22 代）・前原太郎（呼出し）共著『行司と呼出し』（ベースボール・マガジン社）や三宅充筆「名行司 22 代木村庄之助百四歳の大往生」（『大相撲』、平成 6 年 6 月号、p.129）を参考にする。特に幕下の昇格年月、信之助と錦太夫の改名年月が異なる。「勝負をさばく人たち〈行司一覧〉」では初土俵が「M31.5」となっている。22 代庄之助の行司歴ではっきりしないのは、19 代式守伊之助と同様に、大正末期から昭和 7 年ごろまでの房色が何色だったかである。大正末期に朱房だったなら、昭和 2 年春に幕内に格下げされたとき、紅白房になるはずだが、実際はどうだったのだろうか。東京に来たときは、大阪相撲では第四席だったという。この位置なら朱色だったに違いない。19 代式守伊之助同様に、22 代木村庄之助もそのあいだの房色に関しては何も語っていない。ちなみに、『都新聞』（昭和 2 年 1 月 8 日）には十両行司が幕下に格下げされ、足袋を履けなくなったことが書いてある。また、大阪相撲の木村清之助も紫白房から朱房に格下げされ、草履をはく奪されている。このような事例から察すると、林之助も庄三郎も昭和 2 年春場所では格下げされ、「紅白房」を使用していたはずだ。両行司とも房色について何も語っていないので、それが気になる。

30) 初土俵と序ノ口は「勝負をさばく人たち〈行司一覧〉」や『大相撲』（昭和 52 年 11 月号と昭和 53 年 1 月号）の「22 代庄之助一代記（第 1 回と第 2 回）」に基づく。三宅充筆「名行司 22 代庄之助百四歳の大往生」（『大相撲』、平成 6 年 6 月号、p.1361）では「M31.7」となっている。『行司と呼出し』（pp.17-8）では、初土俵は「M32.6」となっている。文献によってこの年月は異なっている。

31) 三谷光司筆「立行司になるまで」（『大相撲』、平成 6 年 5 月号、p.137）では「M31.7」となっている。

32)『都新聞』（大正 14 年 1 月 6 日）では「大阪より脱退した木村林之助が足袋行司につけ出された」とある。文字どおりであれば、「十両」扱いである。『東京朝日新聞』（大正 13 年 5 月 18 日）の「行司に椅子やれ」によると、林之助は 5 月場所で「初登場」している。これは正式にその場所の番付には記載されていなかっ

和 2 年の合併相撲のときは、すでに東京相撲の行司だった。大阪相撲では、金八（初名）、信之助（M37.x）、錦太夫（M44.6）を名乗っていた（『行司と呼出し』〈p.21〉）が、東京相撲では林之助（T14.1）に改名している。

・木村玉光[33]　初 M30.5　口 ?　二 ?　三 ?　下 ?　十 44.5?　内 T11.1/S2.1（合併）　役 S11.1。　玉〈13 代〉15.5~34.11　副 26.5~34.11　参 大阪相撲から編入。大阪相撲では玉吉（M30.5）、玉光（M44.9）、光晴（T5.1）を名乗っていた。昭和 2 年以降は玉光 13、重政（5.1）、玉二郎（9.1）、玉之助 11（15.5）などと改名している。昭和 26 年 5 月に副立行司に格下げされたが、行司名は玉之助のまま。

・木村庄三郎[34]　初 M33.1[35]　口 M35.1　二 ?　三 M39.1[36]　下 M42.5

たようだ。この記事には当時、林之助の地位を巡って行司間にひと悶着があったことも記されている。

33）竹森章著『京都・滋賀の相撲』（発行者・竹森章、平成 8 年）に基づく。この本には木村公之助、木村玉光 16 の略歴も見られる。

34）十九代式守伊之助（高橋金太郎）著『軍配六十年』（発行・高橋金太郎、1961〈昭和 36 年〉の「年譜」（pp.155-9）を基本にする。大正 14 年春に「三役」に昇進し、昭和 2 年春に幕内になっているが、房色が変わったかどうかは記されていない。この 19 代式守伊之助は雑誌記事でもたくさん登場しているが、昇進年月について語っているのは一貫していない。大正末期から昭和 11 年まで房色が朱と紅白のうち、どの色だったかは検討する必要がある。

35）「勝負をさばく人たち〈行司一覧〉」に基づく。「33.5」という文献もある。

36）『時事新報』（明治 39 年 1 月 22 日）の「行司の出世」でもその昇格年月は確認できる。

（十）T2.1 （内）T4.5/S2.1（再） （役）T14.1／S11.1（再） （副）26.5 （伊）〈19代〉S26.9~34.11。（参）金吾（初名）、玉治郎2（T2.5~14.5）、庄三郎8（T15.1~26.5）。昭和2年の合併相撲で幕内に格下げされている。そのため、三役行司が二度になっている。格草履（22.6）。副立行司は一場所だけ。

木村誠道 （初）? （口）M35.1 （二）? （三）? （下）? （十）T2.1 （内）S2.1（合併） （役）T14.1 。（参）藤太郎（初名）、誠道3（T7.1）。幕内（紅白房）に降格（S2.1）。廃業（S3.5）。

37）『読売新聞』（大正2年1月17日）の「行司の出世」に基づく。

38）『やまと新聞』（大正4年6月11日）の「出世行司」には「名物行司の木村玉次郎は今まで格足袋であったが7日目の土俵から本足袋に昇進した」とある。6月に入ってからだが、5月場所中なので昇進場所は5月とする。

39）自伝『軍配六十年』の「年譜」(p.158)では大正14年春に三役格に昇進したとある。

40）木村庄三郎の三役昇格に関しては三つほど異なる年月がある。三宅充筆「名行司22代庄之助百四歳の大往生」(p.136)では「S9.1」となっている。また、幕内昇格も「T7.5」となっている。

41）現在でも「見習い」はときどき見られるが、特に昭和30年代までは幼少の頃に相撲部屋に滞在しながら、入門、見習い、初土俵、本中、序ノ口といった不定期の段階があり、そのステップの順序も必ずしも一定でなかったため、序ノ口以前のことはほとんど不明である。しかも、それは行司によって異なる。

42）『都新聞』や『読売新聞』（大正2年1月8日）を参照。

43）吉田司家から授与された「免許」に基づく。その免許の文面は拙著『大相撲業の軍配房と土俵』(p.260)に掲載されている。

・木村正直[44]　㊀M41.3[45]　㊁?　㊁42.1[46]　㊂43.1　㊦45.1　㊉T5.1[47]
　㊔T13.5　㊺S13.1　㊽S26.9~34.11　㊖〈23代〉S35.1~37.11。㊜
大阪相撲から加入。藤吾(初名)、正直2(T2.1~34.11)。格草履(22.6)。
式守伊之助を飛び越し、木村庄之助に昇格した。定年制で上位行司5
名が退職したからである。

・式守要人　㊀M33.5[48]　㊁M35.1　㊁?　㊂?　㊦?　㊉T2.1　㊔
T7.5　㊺S14.1~34.11。㊜喜三郎(初名)、要人(T8.1)、喜三郎(S4.1)、
与太夫8(11.5~34.11)。

・木村善之輔　㊀M34.1[49]　㊁36.5　㊁?　㊂?　㊦M45.1[50]　㊉T9.1[51]
　㊔S5.5　㊺15.1　㊜喜太郎(初名)、善之助(T8.1)、善之輔1
(T8.5~S21.11)、庄太郎13(S22.6~34.11)。

---

44)　木村正直の行司歴は『大相撲』(昭和47年5月号)の新田勝筆「その後の四庄
　　之助」(p.59)を参照。紹介記事の中に簡潔にまとめられている。しかし、序ノ
　　口から幕下までの昇格年月は記されていない。

45)　初土俵の年月は『近世日本相撲史(5)』(p.3)による。新田勝筆「その後の
　　四庄之助」(p.59)や「行司の代々」(p.690)では「M42.1」、「勝負をさばく人た
　　ち〈行司一覧〉」では初土俵が「40.5」となっている。

46)　安田武宏筆「行司の昇進と改名」と本書では昇格年月でいくつか異なるものが
　　ある。どれが正しいかは吟味する必要がある。

47)　「土俵一途の55年〈二十三代木村庄之助〉」(『大相撲』、昭和38年1月号、
　　pp.45-7)によると、十両格になったのは「T15」となっている。

48)　「勝負をさばく人たち〈行司一覧〉」に基づく。「M34.1」という文献もある。

49)　「勝負をさばく人たち〈行司一覧〉」に基づく。「M35.1」という文献もある。

50)　『読売新聞』(明治45年1月6日)の「番付の変化」に「喜太郎が幕下に昇進した」
　　とある。中村倭夫著『信濃力士伝　昭和前篇』(p.290)には簡潔にまとめられて
　　いる。

51)　『大相撲相撲号』(昭和16年1月号)に基づく。拙著『大相撲行司の軍配房と土俵』
　　(p.249)でこの昇進を「幕内」の誤りとしているが、これは誤った指摘である。「十
　　両」昇進が正しい。お詫びして訂正する。

・木村光之助　㋲？　㋺？　㋥？　㋛？　㋳？　㋴T4.1　㋘T12.1。
㋩初名は不明。光之助（S2.1）、隆輝（3.1）、光之助1（4.5～13.5）。
引退後・年寄湊。

・式守政治郎　㋲？　㋺38.1　㋥？　㋛？　㋳T2.1 [52]　㋴T3.1? [53]　㋘
T12.1? [54]。㋩春秋園事件の時（7.2）、脱退した。

式守勝己 [55]　㋲？　㋺38.5　㋥？　㋛？　㋳T2.1　㋴T6.5? [56] /S2.1（合
併）　㋘S4.1? [57]。㋩木村七之助（初名）、式守七之助（M39.1）、勝見
（T3.1）、勝己（4.5）、勝見（5.5）、勝己（6.5）、勝見（8.1）、勝己（8.5）
などのように頻繁に改名し、錦太夫5（3.5～13.5）を名乗った。㋩初
土俵は不明。政治郎と作太郎のあいだに記載されているので、改名の
跡は見つけやすい。死去（13.7） [58]。

・木村作太郎　㋲？　㋺M40.5　㋥？　㋛？　㋳T2.1 [59]　㋴T7.5 [60]。㋩
死去（S2.2）。

52）『やまと新聞』（大正2年1月17日）の「行司の出世」に基づく。

53）「T3.1」以前かもしれない。『二十二代庄之助一代記（4）』（『大相撲』昭和53
　　年4月号、p.120）によると、大正3年にはすでに十両になっていた。正確な昇
　　格年月は不明。

54）番付記載からの推測。他の資料では未確認。

55）「勝己」は「勝巳」となっていることもある。意識して漢字を変えたかどうか
　　はわからない。

56）番付表で式守政治郎が十両なので、「T6.5」と推測したが、他の資料では確認
　　していない。

57）伊藤八郎筆『昭和の行司大集合』に基づく。

58）『大相撲人物大事典』の「行司の代々」（p.697）によると、幕内格で死去している。

59）『朝日新聞』や『やまと新聞』（大正2年1月17日）を参照。

60）『報知新聞』（大正7年5月14日）を参照。

・木村銀治郎　⑩？　囗M39.1　⑤？　⑤M45.1[61]　下？　⑩10.5。参
治郎（初名）、銀治郎2（T13.5~S5.10）。廃業（S5.5）。死去（5.10）。

・木村今朝三[62]　⑩M41.1[63]　囗M44.5　⑤45.1　⑤T3.5　下T7.5　⑩
T12.1　内S8.1　役17.1　参今朝三1（初名）、今朝造（10.5）、袈裟
三（T11.1）、今朝三1（T13.5）。引退（32.11）。引退後・年寄鍋島。

・木村友次郎　⑩M44.5　囗？　⑤？　⑤？　下S2.1　⑩8.5　内
11.1。参大阪相撲から加入。友次郎（S2.1）、友治郎（18.1）。

・式守義[64]　⑩M43.1[65]　囗M44.5　⑤45.5？[66]　⑤T3.5[67]　下T.7.5　⑩
T13.5/S14.1（再）[68]　内S18.1　役22.6　伊〈20代〉35.1~37.11　庄〈24
代〉38.1~41.7。参木村義松（初名）、木村由松（T3.1）、木村芳松（3.5）、
木村義松（7.5）、式守義（T13.5）。昭和2年以降は式守伊三郎1（S2.5）、
式守義（6.5）、伊三郎（S8.2）を名乗り、復帰後も伊三郎（13.1）、
鬼一郎5（24.1~34.11）と改名している。幕下に格下げ（S2.1）され

---

61)　木村治郎の三段目昇格は『時事新報』（明治45年1月18日）の「行司の出世」
に基づく。他の幕下以下行司、たとえば今朝三、善太郎などの何人かの昇格年月
も記述されている。

62)　中村倭夫著『信濃力士伝　昭和前篇』（pp.292-3）には簡潔にまとめられている。

63)　「勝負をさばく人たち〈行司一覧〉」に基づく。

64)　二十一代木村庄之助著『ハッケヨイ人生』（昭和41年）の「序文にかえて」を
24代木村庄之助が執筆しているが、その中で自分自身の入門年月を「M42.10」、
初土俵を「M43.1」だったと書いてある。「行司生活五十五年〈24代木村庄之助〉」
（『大相撲』、昭和39年7月号、pp.44-50）などにも略歴を見ることができる。

65)　「勝負をさばく人たち〈行司一覧〉」では初土俵が「M42.5」となっている。

66)　「行司生活五十五年〈24代木村庄之助〉」（p.45）では序二段になったのは「T3」
となっている。序二段の正確な昇格年月はまだ確認していない。

67)　序二段から幕下の昇格年月は安田武宏筆「行司の昇進と改名」（pp.106-7）に
基づく。

68)『大相撲』（昭和47年5月号）の「その後の四庄之助」（p.58）を参照。

たが、再十両（S3.5）。春秋園事件（7.2）で脱退し、協会に復帰した（13.1）とき、幕下にいったん降格され、14年1月には十両（再）に昇格している。二枚鑑札（S26.5）。

・式守真之助　㊀M42.1[69]　㋺M45.1　㊁T2.1[70]　㊂4.5　㋱T9.5　㊉T13.5/S5.5（再）[71]　㊤S12.5　㋸31.5〜36.9。㋩福太郎（初名）、真之助（T11.1〜S11.1）、錦之助5（11.5〜22.11）、錦太夫7（23.5〜36.5）、与太夫9（36.7）。与太夫を名乗ったのは2場所のみ。廃業（36.9）。

・木村善太郎　㊀M42.1　㋺M45.1[72]　㊁？　㊂T7.5　㋱T15.1　㊉S7.5　㊤14.1　㋸31.5〜34.1。㋩善太郎(初名)。宗四郎3(24.5〜34.1)。

・木村喜市　㊀？㋺M45.1　㊁？　㊂？　㋱T15.1　㊉S7.5。㋩喜市（初）、哲夫（S5.5）、哲雄（S6.5〜13.5）。死去（13.10）。

・式守与之吉　㊀T2.1[73]　㋺T3.1　㊁？　㊂？　㋱7.5　㊉S8.5　㊤15.5　㋸31.5〜33.5。㋩熊太郎（初名）、与之吉4（S2.1〜12.5）、勘太夫5（13.1〜33.5）。二枚鑑札（26.5）。引退後・年寄鏡山（33.5）。

・木村啓太郎[74]　㊀T7.5　㋺？　㊁？　㊂？　㋱S7.5　㊉S11.1

---

69)　「勝負をさばく人たち〈行司一覧〉」では初土俵が「M43.1」となっている。

70)　『やまと新聞』（大正2年1月17日）の「行司の出世」に基づく。

71)　この行司の昇進歴は伊藤八郎筆「昭和の行司集合」を参考にした。

72)　木村善太郎の序ノ口昇格は『時事新報』（明治45年1月18日）の「行司の出世」に基づく。

73)　「勝負をさばく人たち〈行司一覧〉」では初土俵が「T5.5」となっている。

74)　伊藤八郎筆『昭和の行司大集合』（pp.21-2）によると、木村啓太郎は大阪相撲から加入している。これが正しければ、合併相撲の時にはすでに十両に昇格していたことになる。なぜなら、『都新聞』（昭和2年1月8日）によれば、十両から幕下に格下げされた8名の中に入っているからである。

（再）。㊜啓太郎？（初名）、百合夫（S2.5）。廃業（13.3）。

・木村金吾[76]　㊴T6.5　㋺T7.5　（再）　㊂T11.1　㊂T13.1　㋳S7.1　㊉S13.1　㊙16.5　㊺33.7　㋑〈21代〉38.1~41.7　㊱〈25代〉41.9~47.1。㊜大阪相撲から加入。そこでは三段目まで木村金吾（T6.5）を名乗っていた。東西合併後は木村金吾（初名）、木村玉光14（12.5）、庄九郎9（35.5~37.11）。辞職願は受理された（47.1）が、番付（46.3）には載っている。

・木村善吉　㊴？　㋺T9.1　㊂？　㋳S5.5　㋳7.5　㊉14.1　㊙22.11。㊜木村善吉（初名）、式守善吉（S5.5）。廃業（32.1）。

・式守正　㊴T8.1[78]　㋺T10.5　㊂T14.1　㊂T15.1　㋳S6.5　㊉14.1　㊙22.11　㊺33.7~41.7　㋑〈22代〉41.9~47.11　㊱〈26代〉48.1~51.1。㊜式守正（初名）、木村正（S2.5）、邦雄（9.1）、与之吉5（13.1~33.5）、勘太夫6（33.7）。

・式守清　㊴？　㋺T13.1　㊂？　㊂S8.5　㋳13.1　㊉14.1。㊜木村庄二郎（9.5）、庄治郎（12.5）、庄次郎（13.1）、錦太夫6（S16.1）。応召し（19.1）、戦死（20.3）。

・木村良夫　㊴？　㋺T13.1　㊂？　㊂S8.5　㋳13.1　㊉16.1。㊜義

---

75)　大正末期に十両格になっていたはず。昭和2年春場所に幕下に格下げされている。

76)　山田義則（25代庄之助の長男）著『華麗なる脇役』（文芸社、2011（平成23年）の「二十五代木村庄之助と大相撲の年譜」（pp.138-40）に基づく。大阪相撲当時の行司歴も詳しく記述されている。

77)　「勝負をさばく人たち〈行司一覧〉」では初土俵が「T7.1」となっている。

78)　「実るほど頭の垂れる稲穂かな—26代木村庄之助に聞く」（『相撲』、昭和48年2月号、p.124）や「勝負をさばく人たち〈行司一覧〉」に基づく。

夫（初名）、良雄（13.1）。殉職（16.11）。番付（17.5）には記載。

・木村滝夫[79]　㊵T11.1[80]　㊱T13.1　㊲S5.1　㊳6.5　㊦14.1　㊉16.5　㊥25.1。㊃滝夫（初名）、統治郎（12.1）、滝夫（13.1）、重政（25.5）、校之助（29.1）、幸之助（33.7）、公之助（36.5）。大阪行司から加入。死去（S36.10）。滝夫は瀧夫とも書くことがある。

・木村宗太郎[81]　㊵?　㊱S2.1　㊲7.1　㊳13.1　㊦14.1　㊉18.1。㊃照政（10.5）、喜代司（11.1）、想太郎（11.5）、京二郎（12.5）。兵役（14.5）。廃業（19.5）。

3. 昭和 34 年 11 月までの十両以上行司

　20 年から 30 年代では序ノ口に入る前とその後で行司間の地位に変化が特に激しい。その要因としてはいくつかある。その中から三つを示す。[82]

（1）　入門時の年齢差
（2）　義務教育を修了しているか否か
（3）　行司としての成績の優劣（黒星数、脱走癖など）

---

79)　竹森章著『京都・滋賀の相撲』（発行者・竹森章、平成 8 年）に基づく。
80)　「勝負をさばく人たち〈行司一覧〉」では初土俵が「T11.1 となっている。
81)　宗太郎の行司歴は伊藤八郎筆『昭和の行司大集合』（p.21）に基づく。木村宗太郎は大阪から加入したらしい。そうであれば、合併前に何らかの行司歴があることになる。そのことはここでは反映されていない。
82)　行司の地位の変化に関しては、たとえば拙著『大相撲行司の房色と賞罰』（2016）の第 5 章「行司の入れ替え」でも詳しく扱っている。そこでは、入れ替えを 8 つの要因で分類している。なお、行司の黒星数と地位の変化については、拙著『大相撲行司の軍配房と土俵』（2012）の第 4 章「行司の黒星と相撲の規定」でも詳しく扱っている。

　たとえば、昭和 19 年 1 月、20 年 11 月、26 年 9 月、28 年 9 月、32 年
5 月などには同じ階級で席順が大きく変わっている。また、昭和 30 年 9 月、
31 年 1 月、31 年 9 月から 35 年 1 月までの番付では「見習い」という制
度があった。番付に「見習い」と記載してあることもあるし、そうでない
こともある。本書では、このような目まぐるしい変化をほとんど考慮して
いない。序ノ口に記載され、それがある程度定着している番付を重視して
いる。行司間には席順の上げ下げは「出世」という意味では大変重要なこ
とだが、番付の「序ノ口」や「序二段」を一つの区切りとみなしてある。
どの行司が席順を変えられ、その後の出世街道を歩むのにどれだけ影響し
ているかは調べてみる必要がある。[83]

〈昭和 34 年 11 月までの十両以上行司〉

・ 式 守 錦 之 助　㋑？　㋺ 5.5　㋥ 11.1　㊂ 14.1　㊦ 15.5　㊉
　 19.5〜26.5。㊣木村秀美（初名）、式守秀雄（19.5）、式守秀廣（1911）、
　 錦之助 6（23.5〜26.1）。廃業（26.5）。

・ 式守伊之助〈24 代〉[84]　㋑ 10.1　㋺ 11.1　㊁ 13.1　㊂ 14.1　㊦ 16.5

---

83)　29 代木村庄之助も 20 年代に席順の変更を経験した一人である。仲間との年齢
　　差や義務教育の修了などを考慮したためだという。これはその後の出世街道で取
　　り返すことができないほど影響したそうである。三役行司になって、次の立行司
　　を決める「テスト」で優位に立ち、やっと元の席順になったのだと語っていた。
　　このように、いったん席順を変えられると、地位がほとんど固定してしまい、そ
　　の人の行司出世を変えることになる。その意味で、どの行司がどのように変えら
　　れたかは当事者にとっては重要である。それが尾を引いて辞めてしまった行司も
　　あったそうだ。幕下以下であっても、行司の席順替えは出世街道を進むのには重
　　要なので、その視点から 20 年から 30 年代前半までの番付は、実際は、詳しく記
　　述すべきだが、本書ではあえて序ノ口や序二段あたりを起点にしている。
84)　この行司の簡潔な略歴は、たとえば中村倭夫著『信濃力士伝　昭和前篇』
　　（p.337-8）や小川皿皿筆「24 代式守伊之助の風雪 50 年」（『大相撲』昭和 59 年 5
　　月号、pp.94-5）を参照。

㊉ 22.6　㊂ 29.9　㊅ 36.11　㊋ 52.11~59.3。㊜木村正義（初名）、正信（25.9）、正直 3（37.1~52.9）。兵役（18.1~21.11）で番付に記載ない

・木村誠道　㊜ 10.1　㊊ 11.1　㊁ 13.1　㊂ 15.5　㊦ 17.1　㊉ 22.11　㊄ 29.9　㊅ 38.1~38.9。㊜庄次（初名）、朝之助 2（22.11~27.1）、誠道 4(27.5~29.1)、朝之助(29.3~34.11)、誠道(35.1~38.9)。兵役(16.1)。廃業（38.9）。

・木村庄之助〈27 代〉[85]　㊜ 11.1　㊊ 12.5　㊁ 14.5　㊂ 16.5　㊦ 22.6　㊉ 25.9　㊄ 31.5　㊅ 41.11　㊋〈23 代〉49.11~52.9　㊒ 52.11~H2.12。㊜宗吉（初名）、玉治郎 4（22.11）、玉次郎（29.3）、玉治郎（29.9~48.11）。抜擢人事で式守伊之助に昇格。兵役(S19.6~20)。

・式守伊三郎　㊜ 11.1　㊊ 13.1　㊁ 14.1　㊂ 16.5　㊦ 18.1　㊉ 25.1　㊄ 31.5　㊅ 38.11~62.11。㊜昭夫(初名)、利行(21.11)、誠助(26.5)、利雄（29.9）、伊三郎 2（37.1）。62 年 11 月場所は死跡。

・木村筆之助　㊜ 11.1　㊊ 13.1　㊁ 14.1　㊂ 17.1　㊦ 22.6　㊉ 26.9　㊄ 33.7。㊜筆之助（初名）、筆助（22.6）、筆之助（23.5）、今朝三（42.7）、筆之助（45.9）。番付記載なし（17.5~20.11）、休職（55.9/59.1）、別格扱い（59.1）。死去（59.4）。番付（59.5）には記載あり。

・式守与太夫　㊜ 13.5[86]　㊊ 15.1　㊁ 16.5　㊂ 19.1　㊦ 22.11　㊉ 27.1　㊄ 33.7　㊅ 52.11。㊜政吉（初名）、政臣（21.11）、清三郎（23.10）、

85）　熊谷宗吉（27 代木村庄之助）著『ハッケヨイ残った』（東京新聞出版局、1994）の「著者略歴」や「勝負をさばく人たち〈行司一覧〉」に基づく。

86）　『行司名鑑』では予備行司「13.1」、初土俵（初加入）「13.5」、「勝負をさばく人たち〈行司一覧〉」では初土俵が「13.5」となっている。

与太夫 10（44.3〜58.5）。死去（58.5）。番付書き（41.11〜57.9）。

・式守勘太夫　㋐ 13.5[87]　㋺ 15.1　㋭ 16.5　㋩ 19.1　㋬ 25.1　㋛ 29.3
　　㋫ 36.1　㋰ 63.1。㋲鶴夫（初名）、貢市（22.6）、勘之助（24.10）、
　　更一郎（31.1）、与之吉 6（33.7〜42.3）、勘太夫 7（42.5〜H1.9）。番
　　付記載なし（20.6〜21.11）。

・木村庄之助〈28 代[88]〉　㋐ 13.5　㋺ 16.1　㋭ 17.1　㋩ 19.1　㋬
　　25.1　㋛ 29.3　㋫ 36.11　㋰ 49.1　㋑〈25 代〉59.5〜H2.11
　　㋷ H3.1〜5.11。㋲木村松尾（初名）、式守松尾（16.1）、式守松男
　　（17.1[89]）、式守林之助 2（24.5）、木村林之助（26.9）、式守錦太夫 8
　　（37.1〜59.3）。

・式守伊之助〈27 代〉　㋐ 15.1　㋺ 16.5　㋭ 19.1　㋩ 22.6　㋬ 27.1
　　㋛ 31.5　㋫ 38.1　㋰ 59.1　㋑ H4.11〜5.7。㋲木村英三（初名）、栄
　　三（17.1）、英三（17.5）、善之輔 2（22.6〜38.1）、庄太郎 14（38.3〜H6.11）。

・木村玉光　㋐ 16.1[90]　㋺ 17.1　㋭ 19.1　㋩ 25.1　㋬ 29.1　㋛ 33.7
　　㋫ 41.11。㋲時夫（初名）、玉造（25.1）、時夫（27.5）、登喜光（33.7）、
　　玉光 15（35.5）。番付記載なし（19.5〜20.6）。

---

87)　『行司名鑑』では予備行司「13.1」、初土俵（初加入）「13.5」、「勝負をさばく人
　　たち〈行司一覧〉」では初土俵が「13.5」となっている。

88)　尾形昌夫著『二十八代木村庄之助の行司人生』（（株）荘内日報社、2011）の「28
　　代木村庄之助の年譜」（pp.108〜115）を基本にする。本書では式守松男から式守
　　林之助、式守林之助から木村林之助への改名年月を番付表にあるとおりに変更し
　　てある。

89)　『大相撲』（昭和 59 年 7 月号）の小川皿皿筆「"豆行司"から立行司―25 代式
　　守伊之助の思い出」に若いころの思い出や改名のことなどが書いてある。

90)　『行司名鑑』に基づく。「勝負をさばく人たち〈行司一覧〉」では「15.5」となっ
　　ている。

・式守伊之助〈26代[91]〉 ㋑16.5 ㋺17.1 ㋐22.6 ㊂22.11 ㋓28.1 ㋛31.5 ㋔38.11 ㋫60.1 ㋑H3.1~4.9。㋖宗市（初名）、庄次郎（25.5）、宗市（25.9）、庄二郎6（31.9~H2.11）。27代式守伊之助が兄弟子なので、順位を譲ったようだ。4人目の番付書きを担当した。徴用（19.5~20.6）。

・木村源之助 ㋑17.1[92] ㋺19.1 ㋐22.6 ㊂25.1 ㋓29.1 ㋛33.7。㋖源之助（初名）。番付記載なし（21.11）。休場（50~51）で、地位が下がる。廃業（52.9）。

・式守錦之助 ㋑18.1 ㋺20.11 ㋐21.11 ㊂25.1 ㋓29.1 ㋛33.7 ㋔49.1/H2.1 ㋫H2.1~3.11。㋖式守守（初名）、盛之助（22.11）、護（25.9）、守（28.9）、葵（30.1）、真毛留（32.3）、十二郎（33.7）、錦之助7（37.1~H3.11）。

4. 昭和35年以降の十両行司

　昭和35年1月には行司の階級に関して大きな変化があった。行司の定年制が敷かれ、上位5名が行司を辞めた。立行司は木村庄之助と式守伊之助だけになった。副立行司が廃止され、三役行司が草履を許された。番付は階級が一目でわかるように階級ごとにまとめて記載された。番付の記載を見れば、行司の階級に加え、行司間の序列も即座に見分けられるようになった。階級がわかれば、それに伴う房色もわかる。

　番付でわからないのは依然として、初土俵の年月と名前である。しかし、その年月は普通、序ノ口より一場所前であり、行司名も普通、序ノ口に記

---

91)　二十六代式守伊之助（茶原宗一）、『情けの街のふれ太鼓』（二見書房、1993）を基本にする。初土俵は「見習い」の立場だったようだ（p.50）。

92)　「勝負をさばく人たち〈行司一覧〉」に基づく。「16.5」という文献もある。

載される名前と同じである。それに加え、相撲の雑誌や本も出版され、行司歴を調べるのは容易になった。昇格年月も事前に公表されるので、場所単位で見分けがつくようになった。すなわち、場所中の昇格はなくなった。

　昭和35年から現在（令和3年3月）のあいだで顕著なものとしては、たとえば、次のようなものがある。

(1)　昭和35年1月に三役筆頭の木村正直が式守伊之助を経験することなく、23代木村庄之助になっている[93]。

(2)　昭和47年3月の25代木村庄之助が辞職している。その影響で、協会は26代木村庄之助をしばらく空位のままにしている[94]。

(3)　昭和49年1月の抜擢人事があった。三役三番手の木村玉治郎が23代式守伊之助になり、幕内四番手の式守錦太夫が三役三番手になっている[95]。

(4)　昭和59年1月、筆之助は病気や休場のために番付を提げていき、ついに序列を外れた「別格」扱いとして記載されている[96]。

　これらの「出来事」がなぜ起きたのかは興味を引く。それだけでも話題性がある。行司全体の行司歴に影響するが、そのインパクトはやはり大き

---

93)　式守伊之助を経験することなく、木村庄之助になったのは他にもいる。18代木村庄之助である。17代木村庄之助が大正10年5月に辞職し、続いて式守伊之助も辞めてしまったからである。

94)　式守伊之助がいたにもかかわらず、木村庄之助に昇格させず、4場所も空位のままにしたのは初めてである。それには、やはり25代庄之助の辞職に何か割り切れない事情があったからである。その後は、木村庄之助の空位は当たり前になっている。

95)　この抜擢人事はその後の人事に大きく影響している。その後、そのような大きな抜擢人事は行われていない。

96)　筆之助は病気が長引いたせいで、地位が下がってしまったが、これは病気になった行司の扱いをどうするかという問題を提起している。病気や兵役や脱走などをした場合、復帰したとき、どの地位に据えるのかは難しい。それが現状の規定では明確になっているのか、確認してみたらどうだろうか。

い。

〈昭和 35 年以降の十両行司〉

・木村庄之助〈29 代〉[97] ㊝ 20.11　㋺ 22.6　㊁ 25.1　㊂ 28.9　㋓ 31.5
　㊉ 38.1　㊳ 55.1　㊺ H4.1　㋑〈28 代〉H6.5~6.11　㊱ 7.1~13.3。
　㊟式守春芳（初名）、木村春芳（22.6）、式守春芳（23.10）、木村春
　芳（26.9）、木村春義（27.5）、木村真之助（30.3）、式守真之助（35.5）、
　式守 3（41.1）、式守錦太夫 9（60.1~H6.3）。

・木村義雄　㊝ 21.11[98]　㋺ 22.6　㊁ 26.9　㊂ 28.9　㋓ 31.5　㊉ 36.11。
　㊟義男（初名）、義雄（24.5）、世志生（34.1）、義雄（39.1）、慶次郎
　（41.9）、義雄（43.3）。序ノ口（22.6）だったが、見習い（24.1）となり、
　再復帰（24.5）している。十枚目で廃業（45.5）。

・式守伊之助〈29 代〉　㊝ 21.11　㋺ 22.6　㊁ 26.9　㊂ 28.1　㋓ 31.5
　㊉ 36.11　㊳ 52.1　㊺ H3.1　㋑ H7.1~12.7。㊟貢（初名）、善之
　輔 3（38.3~6.11）。

・式守伊之助〈30 代〉　㊝ 28.9　㋺ 29.1　㊁ 29.9　㊂ 31.5　㋓ 35.3
　㊉ 38.11　㊳ 59.1　㊺ H5.1。㋑ H12.9~12.11。㊟文夫（初名）、正
　一郎（33.3）、与之吉 7（42.5~H1.11）、勘太夫 8（H2.1~12.7）。

・木村庄之助〈30 代〉　㊝ 30.3[99]　㋺ 30.9　㊁ 33.7　㊂ 35.3　㋓ 36.7

---

97)　二十九代木村庄之助（桜井春芳）著『一以貫之』（高知新聞社、平成 14 年）の「著
　　者略歴」（p.210）を基本にする。改名年月をすべて記していないので、番付や雑
　　誌記事などを参考にして確認する必要がある。

98)　『行司名鑑』に基づく。「勝負をさばく人たち〈行司一覧〉」では「23.5」となっ
　　ている。

99)　「勝負をさばく人たち〈行司一覧〉」に基づく。「30.5」という文献もある。

㋊ 45.11　㋑ 59.1　㋰ H7.1　㋑〈31代〉H13.1　㋤ H13.11~15.11。
㋝保之助（初名）、林之助 3（41.11~H1.11）、容堂 2（H2.1~12.11）。
順位替え（31.5）。

・木村庄之助〈31代〉　㋕ 30.5　㋺ 30.9　㋥ 33.7　㋛ 35.3　㋬ 36.7
　　㋊ 45.7　㋞ 60.1　㋰ H7.1　㋑〈32代〉H13.11　㋤ H15.5~17.11。
　　㋝式守正夫（初名）、庄三郎 9（60.1）、木村正三郎（60.3）、庄三郎（60.5）。

・木村庄之助〈32代〉　㋕ 30.5　㋺ 30.9　㋥ 33.7　㋛ 36.7　㋬ 36.11
　　㋊ 48.1　㋞ 63.1　㋰ H11.1　㋑〈33代〉H15.5　㋤ H18.1~18.1。
　　㋝郁也（初名）、咸喬（47.3）。

・木村庄之助〈33代〉[100]　㋕ 30.3　㋺ 30.9　㋥ 36.7　㋛ 36.11　㋬
39.1　㋊ 52.11　㋞ H2.1　㋰ 13.1　㋑〈35代〉H18.3~18.3　㋤
H18.5~19.3。㋝要之助（初名）、政裕（39.7）、要之助（42.1）、賢嘉
（46.1）、友一（49.1）、朝之助 3（52.11~18.1）。

・式守伊之助〈34代〉　㋕ 30.9　㋺ 31.1　㋥ 35.3　㋛ 36.7　㋬ 38.1
　　㋊ 52.1　㋞ H1.1　㋰ 13.1　㋑ H18.1~18.1　㋝光彦（初名）。光之
　　助（13.1~17.11）。

・木村庄之助〈34代〉[101]　㋕ 31.5　㋺ 31.9　㋛ 36.11　㋬ 41.5　㋊ 55.1

---

100)　33代木村庄之助著『力士の世界』（文芸春秋、平成 19 年）では、十両以上の
　　昇格年月が記されている。相撲界に入門し、見習いから始めている。番付では
　　「S30.9」に初めて掲載されているが、それを「見習い」と捉えているかもしれない。
　　「S33.7」は「見習い」とはっきり記されているが、それまでは「序ノ口」の下に
　　行司がたくさん列記されたりしている。番付に記載されない「見習い」と記載さ
　　れた「見習い」をどのように区別していたかははっきりしない。これは調べてみ
　　る必要があるが、本書ではその指摘だけに留めてある。
101)　『行司名鑑』に基づく。「勝負をさばく人たち〈行司一覧〉」では、初土俵が「31.9」

⑩H4.1　㋺17.9　㋑H18.5　㊉H19.5~20.3。㋱勝治（初名）、序ノ口番付（31年9月）では勝治[102]。与太夫11（H4.1~18.3）。

・式守錦太夫　㊡32.9[103]　㋺33.1　㋥36.7　㊂36.11　㊦41.11　㊉55.1　⑩H3.1　㋫15.1。㋱忠男（初名）、忠雄（37.5）、扇之助（40.5）、忠雄（41.3）、慎之助（60.11）、錦太夫10（H6.9~17.7）。

・木村一童　㊡33.5[104]　㋺33.7　㋥36.7　㊂36.11　㊦45.7　㊉55.1　⑩H5.1　㋫17.11。㋱真佐也（初名）、真佐仁（35.7）、昌仁（43.1）、孔一（47.3~17.9）、一童（17.11~18.1）。

・式守勘太夫　㊡32.9　㋺33.7　㋥36.7　㊂38.1　㊦46.1　㊉59.1　⑩H6.1　㋫18.3。㋱洋一（初名）、太一郎（54.3）、与之吉8（2.1~12.11）、勘太夫9（H13.1~19.7）。見習い（34.1）。

・木村庄之助〈35代〉　㊡37.5　㋺37.7　㋥41.11　㊂43.7　㊦48.1　㊉59.1　⑩H6.1　㋫18.3　㋑〈37代〉H19.5　㊉20.5~23.9　㋱順一（初名）、純一郎（41.3）、順一（41.9）、旬一（51.3）、城之介（55.5~H19.3）。

・木村庄之助〈36代〉[105]　㊡39.5　㋺39.7　㋥41.11　㊂45.7　㊦49.1

となっている。序ノ口名（勝治）の前に「勝春」を使用していたらしいので、初土俵でそれを使用していたかどうかを調べてみた。公式の行司名鑑によると、初土俵ではやはり「勝治」となっている。それ以前に「勝春」を使用していたかもしれない。

102)　「勝負をさばく人たち〈行司一覧〉」（p.27）のキャプションでは序ノ口「式守緑治」となっているが、誤植かもしれない。

103)　「勝負をさばく人たち〈行司一覧〉」に基づく。「32.11」という文献もある。

104)　「勝負をさばく人たち〈行司一覧〉」に基づく。「33.5」という文献もある。

105)　三十六代木村庄之助著『大相撲　行司さんのちょっといい話』（双葉文庫、

㊿ 60.1　㊂ 7.1　㊸ H18.3　〈38 代〉H20.5〜23.9　㊉ 23.11〜25.9
㊪敏廣（初名）与之吉 9（H13.1〜19.7）、勘太夫 10（H19.9）。敏
広もある。

・木村玉光[106]　㊶ 40.5　㊒ 40.7　㊁ 43.7　㊂ 46.1　㊦ 52.1　㊉ 63.1
㊂ H11.1　㊸ 19.9。㊪延秀（初名）、信英（46.1）、信孝（48.11）、
玉光 16（H18.5）。

・木村庄之助〈37 代〉　㊶ 40.7　㊒ 40.9　㊁ 43.7　㊂ 49.1　㊦ 52.1
㊉ H1.1　㊂ 13.1　㊸ 19.9　㊜〈39 代〉24.11〜25.9　㊉ 25.11〜27.3
㊪三治郎（初名）、玉治郎 5（52.1）、庄三郎（H15.1〜24.9）。

・木村正直　㊶ 44.5　㊒ 44.7　㊁ 48.5　㊂ 51.3　㊦ 52.11　㊉ H2.1
㊂ 15.1　㊸ 20.9〜25.9。㊪幸久（初名）、正義 2（46.7）、正直 4（59.3）。
死去（25.1）。

・式守伊之助〈40 代〉　㊶ 50.3　㊒ 50.5　㊁ 52.1　㊂ 52.11　㊦ 59.1
㊉ H3.1　㊂ 17.9　㊸ 23.11　㊜ 25.11〜30.5。㊪式守吉之輔（初名）、
木村吉之輔（53.3）、式守錦太夫 11（18.1〜25.9）。退職（30.5）。

5.　現在の十両以上行司

番付の記載方法は昭和 35 年 1 月以降変わっていないので、階級を見分
けるのは容易である。階級がわかれば、房色もわかる。どの時代の番付で

2014）の「36 代　木村庄之助略歴」（p.11）を基本にする。序二段格が「S41.6」
とあるが、番付では「41.11」となっている。三役昇進が「H18.2」とあるが、場
所前に許されたからであろう。番付では「3 月場所」となる。著者紹介（表紙カバー
の裏側）では初土俵を「S39.3」としてあるが、略歴表にあるとおり「S39.5」が
正しい。

106）　竹森章著『京都・滋賀の相撲』（発行者・竹森章、平成 8 年）を参照。

も同じことだが、やはり初土俵の年月と行司名は番付を見てもわからない。一般的には、序ノ口の行司名で初土俵の名前を推測できるが、それが常に正しいのかどうかははっきりしない。初土俵の名前と序ノ口の名前が違っていても、出世に関しては特に問題が生じることはない。

・式守伊之助　㊝50.5　㋺50.7　㋥52.1　㋛53.11　㋬59.1　㋣H4.1　㋝17.9　㋺25.5　㋑〈41代〉H31.1。㋙秀樹（初名）、英樹（50.11）、和一郎（H3.11）、勘太夫11（24.1~30.11）。

・木村玉治郎　㊝51.3　㋺51.5　㋥52.11　㋛56.1　㋬60.1　㋣H5.1　㋝18.3　㋺26.1。㋙雅之助（初名）、玉治郎6（H15.1）。

・木村容堂　㊝52.11　㋺53.1　㋥56.1　㋛58.1　㋬61.1　㋣H6.1　㋝18.3　㋺26.11。㋙祐司（初名）、恵之助（54.1）、恵乃助（60.1）、武蔵（60.3）、恵之助（61.1）、容堂3（28.11）。7人目の番付書き（19.11）。

・木村庄太郎　㊝54.9　㋺55.1　㋥57.1　㋛59.1　㋬H1.1　㋣6.1　㋝18.3　㋺27.5。㋙春男（初名）、春夫（55.3）、善之輔4（H7.3~18.11）、庄太郎15（19.1）。

・木村晃之助　㊝56.3　㋺56.7　㋥58.1　㋛60.1　㋬H2.1　㋣10.1　㋝20.1　㋺31.1。㋙俊明（初名）。晃之助（S60.3）。

・木村寿之介　㊝58.5　㋺58.7　㋥60.1　㋛61.1　㋬H2.1　㋣13.1　㋝20.1。㋙寿行（初名）、寿之介（23.5）。

・式守勘太夫　㊝59.5　㋺59.7　㋥60.1　㋛63.1　㋬H3.1　㋣13.1　㋝21.1。㋙国浩（初名）、錦之助8（H13.1）、与太夫12（21.1）、与之吉10（28.1）、勘太夫12（R1.5）。採用（59.4）。

134

・木村元基　㊝ 59.5　㊥ 59.7　㊦ 60.1　㊂ 63.1　㊦ H3.1　㊉ 15.1
　㊱ 23.11。㊵元基（初名）。改名していない。

・木村秋治郎　㊝ 62.1　㊥ 62.3　㊦ 63.1　㊂ 2.1　㊦ 4.1　㊉ 17.9
　㊱ 25.7。㊵鎮秋（初名）、秋治郎（5.1）。

・式守錦太夫　㊝ H1.3　㊥ 1.5　㊦ 2.1　㊂ 3.1　㊦ 8.1　㊉ 18.3　㊱
　26.1。㊵裕光（初名）、慎之助（8.1）、錦太夫 12（26.1）。

・木村銀治郎　㊝ 2.3　㊥ 2.5　㊦ 3.1　㊂ 4.1　㊦ 9.1　㊉ 18.3　㊱
　26.11。㊵紀行（初名）、堅治郎（6.1）、銀治郎 3（26.1）。

・木村要之助　㊝ R2.3　㊥ 2.5　㊦ 3.1　㊂ 4.1　㊦ 9.1　㊉ 18.3　㊱
　27.5。㊵真志（初名）、要之助 2（6.1）。

・式守鬼一郎　㊝ 2.5　㊥ 2.7　㊦ 4.1　㊂ 5.1　㊦ 11.1　㊉ 18.3　㊱
　31.1。㊵木村修（初名）、式守修一郎（4.1）、式守修（H14.3）、鬼一
　郎 6（H18.3~xx）、

・木村朝之助　㊝ 3.3　㊥ 3.5　㊦ 4.1　㊂ 6.1　㊦ 12.1　㊉ 20.1。㊵
　勝也（初名）、勝次郎（6.1）、朝之助 4（H20.1）。

・木村隆男　㊝ H3.3　㊥ 3.5　㊦ 4.1　㊂ 8.1　㊦ 13.1　㊉ 20.1。㊵慶
　一郎（初名）、隆男（13.1）。

・木村光之助　㊝ 3.10　㊥ 4.3　㊦ 6.1　㊂ 9.1　㊦ 16.1　㊉ 20.1。㊵
　誠二（初名）、光之助 3（21.1）。

・木村行宏　㊝ 4.1　㊥ 4.3　㊦ 6.1　㊂ 9.1　㊦ 19.1　㊉ 23.11。㊵行
　男（初名）、幸二郎（8.1）、幸男（13.1）、行之介（18.3）、行宏（21.9）。

・式守慎之助　⑳4.11　㋺5.1　㊁6.1　㊂11.1　㋕19.1　㊉25.7。㊒玉男（初名）、玉三郎（18.3）、慎之助（H26.1）。

・木村吉二郎　⑳5.5　㋺5.7　㊁7.1　㊂12.1　㋕19.1　㊉26.1。㊒吉二郎（初名）。

・木村勘九郎　⑳5.5　㋺5.7　㊁7.1　㊂12.1　㋕19.1　㊉26.11。㊒佳己（初名）、歳之助（6.11）、勘九郎（12.9）。

・木村千鷺　⑳5.5　㋺6.1　㊁7.1　㊂13.1　㋕19.1　㊉27.5。㊒保之助 3（初名）、林之助 4（19.1）、千鷺（23.1）。

・木村善之輔　⑳6.5　㋺6.7　㊁11.1　㊂16.1　㋕20.1　㊉27.11。㊒将二（初名）、善之輔 5（27.11）。

6.　今後の課題

　本章では昭和 2 年以降の有資格者（十両以上の行司）の行司歴を調べているが、今後の課題としては次のようなことが考えられる。

（1）　行司の昇格年月や改名年月の確認をすること。

　　　特に明治期や大正期までは初土俵はおろか、序ノ口以上の昇格年月や改名時期が明確でない場合がある。上位行司でも特に十両になるまでの昇格年月がわからない場合がある。手元にある文献や資料などを調べてあるが、見落としがあるかもしれない。また、他の資料に当たれば、もっと空白部分を埋めることができるかもしれない。いずれにしても、記されている昇格と改名の年月の空白がたくさんあるので、それを埋めなくてはならない。また、本章で示して年月が正しいかどうかも確認する必要がある。

(2)　序ノ口に掲載される前の地位の確認。

　　以前は年齢が若くても、また義務教育を受けていても、行司に入門することがあった。入門してから初土俵を踏むのにしばらく待たされる者もいた。そのような経験をしている行司の入門時期や初土俵の時期などは、今後調べなければならない。しかも、入門年齢や初土俵を踏むまでの期間は行司によって異なる。それが行司としての出世に影響を及ぼしていることもある。

(3)　地位の昇降確認。

　　行司は地位が常に上昇するとはかぎらない。特に地位が低ければ、その変動は顕著である。その変動一つ一つに何か原因があるはずだ。その原因には、たとえば、病気、兵役、脱走、技量のまずさ、黒星の数などが考えられる。これらの原因と相撲規定とはどういう関係にあるか、調べてみる必要がある。

(4)　昇格年月と制度の差。

　　昇格する年月は特に明治期や大正期には常に一定というわけではなかった。場所中でも房色を変えたりしている。いつ頃まで昇格年月が不定期だったか、それが昇格年月の確定にどのように影響を与えているかも調べてみる必要がある。

(5)　十両になってから辞めた行司の確認。

　　どの職種でも定年を待たずに辞める人はいる。行司の場合はどうであろうか。なぜ辞めていったかを調べれば、行司という職業について何かわかるかもしれない。また、行司を辞めて、どんな職に就いているだろうか。年齢を重ねるにつれて転職は難しくなるが、十両以上になってからも辞めていく行司はいる。

(6)　十両になる前に辞めた行司の確認。

このテーマは本書と直接関係ないが、十両になる前に辞めていった行司はたくさんいる。どの程度辞めていくのか調べてみる必要はあるかもしれない。時代によってもその確率は異なるのだろうか。時代に関係なく、辞める確率の高い階級はあるのだろうか。行司をよく見ていると、若い行司はけっこう辞めている。辞めていくにはそれなりの理由があるはずだが、それは単に個人的なものなのか、それとも行司という職業についていけないのか、知ることができるかもしれない。

　行司の昇格年月と改名年月を調べてきたが、その資料は視点の置き方でどのようにも活用できるはずだ。この資料が今後、いろいろな面で役立つことを期待している。

第5章 昭和前半の三役行司

1. 本章の目的[1]

　現在の三役格は朱房で草履を履くが、草履を履くようになったのは昭和
35年1月場所からである[2]。それまでは、原則として草履を履けなかった[3]。
しかし、昭和34年11月場所以前でも三役格は草履を履き、木刀を差す
ことができるとする文献がたくさんある。また、草履を履いていないとす
る文献もあるが、その数はかなり少ない。それでは、草履が履けるとする
文献とそうでないとする文献では、どちらが事実を正しく述べているだろ
うか。

　本章では昭和2年春場所から昭和34年11月場所まで三役格の足元を
調べ、草履を履いていなかったと指摘することである。特定の場所の番付
を中心にそれに記載されている三役格の履物を具体的に調べていくことに
する。なお、文献の中には草履だけでなく、木刀も差すことが許されると

---

1) 本章では執筆段階で、29代木村庄之助と大相撲談話会の多田真行さんから貴重
なコメントをいただくことができた。29代庄之助には義父・7代式守錦太夫（の
ちの9代式守与太夫）が三役行司だった頃、草履を履いていたかどうかを確認し
た。ここに改めて、お二人に感謝の意を表しておきたい。なお、29代庄之助と義
父との関係については自叙伝『一以貫之』（平成14年）の「二人の父」や「房錦」
などで語られている。

2) 行司の階級や房色については拙稿『大相撲行司の伝統と変化』（2010）と『大
相撲行司の軍配房と土俵』（2012）、『大相撲の歴史に見る秘話とその検証』（2013）
などでも詳しく扱っている。

3) 昭和34年以前の地方巡業では、特別な許可を受けて、紅白房や青白房の行司
が朱房になり、草履を履いて横綱土俵入りを引くこともあった。これに関しては、
たとえば『夏場所相撲号』（昭和2年5月号、p.122）などにも記述されている。

述べてあるものもある。草履を履かず、木刀だけを許すと述べてある文献はない。そのことから、本章では草履に焦点を当て、木刀については簡単に触れる程度である。具体的な指摘はいくつかある。

(1)　朱房行司は、草履を履けなかった。誰一人として朱房行司は草履を履いていない。たとえば、大阪行司の立行司・木村清之助は紫白房で草履を履いていたが、昭和2年春場所では朱房に格下げられ、草履もはく奪されている。草履の朱房行司が制度として生きていたなら、清之助を紫白房から朱房に格下げしたとしても、草履まではく奪しなくてもよかったはずだ。

(2)　無草履の朱房だった行司は昭和2年春場所では幕内行司に格下げされ、それに伴い紅白房になっている。たとえば、無草履の朱房行司だった木村林之助と木村庄三郎は二人とも格下げされ、紅白房になっている。[4] 無草履の朱房行司の制度が生きていたら、朱房の三役行司から紅白房の幕内に格下げしなくてもよかったはずだ。

(3)　昭和2年春場所では朱房行司は誰一人として草履を履いていないし、短刀も差していない。短刀を許されたのは、紫白の立行司と総紫の立行司だけである。紫白には真紫白の式守伊之助と半々紫白の木村玉之助がいた。規定では二人とも「紫白」だが、運用面では異なる扱いを受けていた。

(4)　元行司の著した書籍や雑誌記事等では紫白房と総紫房の立行司は草

---

4)　大正末期まで朱房で草履を履かない行司は「幕内」階級として扱われることがあった。すなわち、必ずしも「三役行司」ではなかった。しかし、本章では林之助や庄三郎のように朱房を授与された行司を一律に「三役行司」として扱っている。「朱房」の下位行司と「紅白房」の上位行司のあいだに明確な階級の区別がなかったかもしれないが、房の色では明確な差異が認められるからである。たとえば、規定ではそれぞれに対応する力士の階級はあいまいである。

履を履き、短刀を差すことができるとなっているが、朱房の三役行司については草履や帯刀について何も記述されていない。三役行司は立行司と違い、草履や帯刀を許されていなかったからである。行司以外の人たちが書いた本や雑誌などでは三役行司も立行司と同様に、草履を履き、帯刀も許されていたと書いてあることがある。しかもその数は圧倒的である。

(5)　昭和 22 年 6 月に朱房の三役行司・木村庄三郎と木村正直の二人には草履が許されている。これは特例であり、例外的なものである。昭和 2 年春場所以降昭和 34 年 11 月場所までこの二人を除いて、三役行司は全員、草履を履くことはなかった。足袋だけである。

　　三役行司が草履を履いていたとする文献は実に多い。なぜ事実に反する文献が多いのだろうか。その理由としては、次のようなことが考えられる。

(1)　大正末期までは草履を履ける朱房行司とそうでない行司があり、それがそのまま昭和 2 年春場所以降も継続していたと捉えていたに違いない。[5]　明治から大正末期までは朱房を先に授与され、のちに草履を許されるのが普通だった。明治 43 年から大正 10 年のあいだにその行司が帯刀しなくなったことは確かだが、どの年月からそうなったかは不明である。[6]　もともと帯刀は十両以上で、草履を履いた朱房行司だけ

---

　　5)　朱房で草履を履けない行司は小結に、草履が履ける行司は関脇に、それぞれ対応するものとされている。明治と大正期には朱房行司に二種類があった。昭和 2 年以降、この二分法は適用されていないと判断している。唯一の例外は昭和 22 年 6 月に、木村庄三郎と木村正直に草履が許されているが、これは「特例」である。その他の朱房三役行司は昭和 34 年 11 月まで草履を一人も許されていない。

　　6)　これについては明治期では、たとえば『読売新聞』（明治 43 年 5 月 31 日）の「直垂姿の行司」や『東京日日新聞』（明治 44 年 6 月 10 日）の「相撲風俗 (8) −行司」など、大正期では、たとえば栗島狭衣著『相撲通』（実業之日本社、大正 3 年、p.69）や『夏場所相撲号』（大正 10 年 5 月号）の「行司さん物語―紫房を許されるまで」

というわけではなかった。

(2)　昭和2年春場所では草履の朱房・三役行司は誰一人として草履を履かず、木刀も差していないのに、現場の行司を正しく観察せず、相撲協会の相撲規則を文字通り適用したのかもしれない。昭和10年代初期までの相撲規則によると、朱房行司には草履の朱房行司と無草履の朱房行司があった。しかし、本場所の朱房・三役行司は一律に草履を履いていなかったし、帯刀も許されていなかった。

(3)　木村庄三郎と木村正直が昭和22年6月に草履を許されていることから、昭和2年春場所以降も朱房行司に草履を許される者とそうでない者の区別があったという誤った考えがあったかもしれない。結果だけを見れば、それは正しいかもしれない。草履を許されたのは三役行司だからである。しかし、昭和14年5月改正の第24条によると、朱房の三役行司は足袋だけとなっている。つまり、昭和14年以降は朱房の三役行司は草履を履けない。木村庄三郎と木村正直に草履を許したのは、あくまでも例外である。他の三役行司はやはり依然として草履を許されていない。しかも、それは昭和34年11月まで続いている。このことから言えるのは、明治期や大正期にあった草履の朱房行司と無草履の朱房行司の区別は昭和2年以降なかったということである。

　昭和2年春場所以降の番付を見ると、朱房行司は全員、草履を履いていないし、帯刀もしていない。そうなると、大正末期まで見られた二つのタイプの朱房行司は適用されていなかったことになる。昭和2年春場所の行司の階級や房色を決めたとき、三役行司は朱房で草履を履かないという新しい基準を設けたのかもしれない。

　（pp.104-5）などで見られる。

2.　三役行司の記述

　三役行司は朱房だが、草履と帯刀に関しては異なる記述が見られる。その代表的な例を示す。他の文献でも表現や内容はほとんど同じである。なお、文献の一覧は本章末尾に参考資料として提示してある。

〈1〉草履を履かないとする文献

(1)『夏場所相撲号』昭和 8 年 5 月、野球界社。江藤述人筆「これ丈けは心得ておくべし〈行司〉」。

　　「紫房—立行司である。土俵上で草履をうがち、腰に木刀をさし、軍配に紫または紫に白を交えた房をつかう。
　　　緋房—力士の三役に相当する。」(p.159)[7]

(2)　木村庄之助 (20 代、松翁) 著『国技勧進相撲』、言霊書房、昭和 17 年。

　　「三役格の行司になると、緋色の軍配房を用います。大関に対する行司は紫と白の染め分けの軍配房を使用し、これより副草履、帯刀を許されるのであります。」(p.55)

(3)　木村庄之助 (22 代)・前原太郎著『行司と呼出し』、ベースボール・マガジン社、昭和 32 年。

---

7)　本章では三役行司の房色を「朱房」としているが、以前は「緋総」とするのが普通だった。「房」も「総」と書いていた。以前の文献から引用に際は、当然、そのまま「緋総」とすべきだが、読みやすさを考慮し、多くの場合、現在用いられている「朱房」に変えてある。本章の引用文を他に活用するときは、その箇所を必ず原典に当たり、確認することを勧める。

「（前略）三役格は朱色、大関格は紫と白の染め分けの軍配房を使用し、副草履、帯刀を許される。昭和26年以来、"副立行司"の名称となり、木村玉之助、木村正直がつとめている。[8]最高が立行司で、私と式守伊之助であるが、紫房は代々庄之助に限られ、伊之助は紫白房を使用している。」（p.66）

　昭和32年当時まで、三役行司は草履を履いていないし、帯刀もしていないことを述べている。紫白房以上の行司は副草履と帯刀を許されている。副立行司は「半々紫白」だが、立行司と同様に、帯刀を許されている。式守伊之助の軍配房は「紫白」である。これは「半々紫白」と区別するとき、「真紫白」と呼んでいる。

〈2〉草履を履くとする文献

(1)　『相撲道』（昭和9年11月、大日本相撲協会内）の「行司の修練と見識[9]」。

　「行司も数年の幕内時代を経過すると、三役並みとして、小結の格式がつき、軍扇の房も朱房を許される。それから関脇格になると軍扇は、やはり朱房を用いるが格式は一段上で、土俵では草履を許され、本来なれば帯刀するのが正当であるが現今では、これを略している。」（pp.15-6）

(2)　大日本相撲協会編『国技相撲』（大日本相撲協会、昭和14年）。

---

8)　紫房の異種については、たとえば拙著『大相撲立行司の軍配房と土俵』(2012)などに詳しく述べられている。

9)　これは『夏場所相撲号』（大正10年5月）の「行司さん物語─紫房を許されるまで」の記述とほとんど同じである。

「緋は、三役に相当し、上草履をはいて土俵場上へ登る。紫・紫白は、
横綱格である。立行司とも言う。現在は木村庄之助一人が紫で、式守
伊之助、木村玉之助は紫白である。」（pp.40-1）

(3)　『夏場所相撲号』（昭和 16 年 5 月号）の「夏場所観戦手引き〈行司〉」。

「三役格は緋房で木村清之助、木村庄三郎、木村正直、式守与太夫、
木村善之輔等でいずれも上草履を履いて登場する。」（p.135）

三役格は草履を履いている。文献の中には木刀も許されるとするもの
ある。これらの文献は事実を正しく捉えていない。

3.　番付の朱房行司

それでは、具体的に番付をいくつかピックアップし、三役行司の履物と
房色を調べてみよう。わかりやすくするため、立行司も示すことにする。
もちろん、番付に履物や帯刀の記載はない。

〈1〉大正 15 年夏場所の番付

立行司
　　木村庄之助（総紫）、式守伊之助（真紫白）
三役行司
　　式守与太夫（朱）、木村鶴之助（朱）、木村林之助（朱）、木村庄
三郎（朱）、木村誠道（朱）

この番付は昭和 2 年春場所の番付と比較するために示してある。[10]

---

10)　昭和初期の番付に関しては異なる視点から、たとえば、拙著『大相撲行司の変

(1)　朱房の三役行司は5人全員、草履を履いていない。

(2)　当時の相撲規則によれば、朱房行司は草履を履けるものとそうでないものがあった。大正末期には草履を許された朱房行司がたまたまいなかっただけかもしれない。しかし、朱房の三役行司であれば、無条件に草履を許されたという指摘は間違いである。大正15年夏場所の三役行司は誰一人として草履を履いていないからである。非常に多くの文献が朱房の三役行司は草履を履けるとしているが、これは事実に反する。

〈2〉昭和2年春場所の番付

立行司
　　木村庄之助（総紫房）、式守伊之助（真紫白）、木村玉之助（半々紫白）
三役行司
　　木村清之助（朱）、（錦太夫改め）与太夫（朱）、勘太夫（朱）

(1)　木村玉之助は大阪相撲の立行司（総紫房）だったが、二番手の式守伊之助（真紫白）より下位に据え置かれた。すなわち、三番手の立行司である。式守伊之助と木村玉之助は規定では同じ紫白房となっているが、実際は区別があった。式守伊之助は従来の「紫白房」だったが、木村玉之助は紫と白がほぼ半々ずつ混じっている房だった。区別する必要がある場合、式守伊之助の房色を「真紫白」、木村玉之助を「半々紫白」と呼ぶことにする。

(2)　木村清之助は大阪相撲の立行司（二番手）だが、三役行司に格下げされ、房色も紫白房から朱房になった。大阪相撲では草履を履いてい

化と伝統』（2010）の第8章「昭和初期の番付と行司」でも扱っている。

たが、格下げにより無草履となった。これこそが当時、三役行司は草履を履けなかったことを表している。草履の朱房行司という当時の規則が生きていたなら、紫白の立行司を格下げすることがやむをえないとしても、草履まではく奪することはなかったはずだ。

(3)　式守与太夫（7 代）は錦太夫（4 代）から改名している。のちの 16 代式守伊之助である。この与太夫は錦太夫を名乗っていたとき、大正 7 年 5 月に朱房になっている（『報知新聞』〈大正 7 年 5 月 14 日〉）。大正末期まで草履を許されていなかった。すなわち、無草履の朱房行司だった。木村清之助は草履から足袋に格下げされたが、与太夫はもともと足袋だった。三役行司は足袋だけで、草履を許されていないのである。朱房・三役行司の上位二人、つまり木村清之助と式守与太夫が無草履だったことからわかるように、草履の朱房行司はすでに廃止されていたに違いない。

(4)　式守勘太夫（4 代）は与之吉（3 代）で、のちの 11 代木村玉之助、17 代式守伊之助、21 代木村庄之助である。大正 15 年 1 月に朱房になっている。つまり、与之吉から勘太夫に改名したとき、三役になっている。当時は規則よると、草履を許される朱房とそうでない朱房があった[11]が、朱房になったばかりで草履は許されていない。清之助や与太夫と同様に、朱房の三役行司は誰でも無草履であることから、当時、朱房行司 3 人は全員草履を履いていない。すなわち、朱房行司を草履と

---

11)　21 代木村庄之助の自伝『ハッケヨイ人生』（昭和 41 年）には「私は大正 15 年に三役格行司式守勘太夫になるまでは、ずっと式守与之吉で過していました。」（p.70）、「大正 15 年 1 月に三役となり、勘太夫と名前もかわって朱房の軍配をもったことになります。」（pp.76-7）とあるが、草履のことは語られていない。勘太夫が三役昇格に昇格した異なる年月はいくつかあるが、自伝で語られている年月を採用する。なお、この勘太夫に関しては拙著『大相撲の歴史に見る秘話とその検証』（2013）の第 7 章「大正末期の三名の朱房行司」や『大相撲行司の伝統と変化』（2010）の「昭和初期の番付と行司」でも詳しく扱っている。

無草履に二分する規則はすでに廃止されていたと判断してよい。

(5)　木村清之助、式守与太夫、式守勘太夫が取組を裁いている写真があるが、3人とも草履を履いていない。これらの写真の出典は拙著『大相撲行司の軍配房と土俵』(2012)の第5章「草履を履いた朱房行司と草履を履軍配房と土俵」の末尾に資料(3)「昭和2年春場所から昭和34年秋場所までの三役格行司」として提示されている。草履の有無によって朱房行司を二分する規定は、昭和2年春場所には適用されていないのである。

(6)　三役行司は草履を履いていないので、当然、帯刀も許されていない。実際は、明治43年5月以降、帯刀は十両以上に許されていた。ただ、いつの間にか、三役行司の帯刀だけが問題になっている。草履を履かない三役行司は十両や幕内と同様に帯刀できないが、いつの時点でそうなったかははっきりしない。大正10年ごろには草履を履いた朱房行司でも遠慮していたとする文献がある。[12] しかし、その後も帯刀できるとする文献は多い。これが事実に反することは、昭和2年春場所以降、朱房は草履を許されていないからである。

　このように、三役行司は草履を許されておらず、それに伴い帯刀も許されていない。昭和2年春場所以降、帯刀は原則として立行司だけに許されている。[13] したがって、三役行が草履を履き、短刀(または木刀)を差すこ

---

12)　たとえば、『夏場所相撲号』(大正10年5月)の「行司さん物語—紫房を許されるまで」。十両以上行司の帯刀に関しては、たとえば『無名通信』(大正4年5月)の「行司の給料と呼出の修業」(p.69)、小泉葵南著『おすもうさん物語』(大正6年)の「行司と呼出し」(p.227)などがある。これらの文献の中には事実を確認しないで記述している可能性もあるので、もう少し検討する必要がある。

13)　昭和35年1月場所以降は、もちろん、三役行司は草履が許された。それに伴い、横綱土俵入りを引くときは朱房行司でも短刀を差すことができた。しかし、取組を裁くときは短刀を差さない。

とができたとする文献は事実を正しく記述していないことになる。

大正15年の夏場所番付にあった木村鶴之助（朱）は場所後に廃業している。他の4人は、昭和2年春場所番付では紅白房に格下げされている。木村林之助と木村庄三郎は東京相撲の行司だが、木村玉光と木村正直は大阪相撲の行司である。林之助はもともと大阪相撲の行司だが、大正13年には東京相撲の行司になっている。この4人の行司についても少し触れておく。

・昭和2年春場所番付の幕内行司

　　木村林之助（紅白）、木村玉光（紅白）、木村庄三郎（紅白）、木村正直（紅白）

（1）　木村林之助は大阪相撲の行司だった。大正11年に大阪相撲を去り、東京相撲の行司になる予定だったが、番付に載ったのは大正14年春場所である[14]。幕内格の最下位だった。大阪相撲では朱房だったので、紅白房に格下げされたに違いない[15]。大正15年1月に再び朱房に昇格している。大正時代には草履を履ける朱房と草履を履けない朱房があったので、林之助は後者だったに違いない。昭和2年春場所では幕内行司に格下げされ、それに伴い紅白房になっている。そして昭和7年春場所で朱房の三役格に昇格している[16]。これは二度目の朱房に違

14）　木村庄之助（22代）の自伝『行司と呼出し』によると、大正13年の春場所に東京相撲の地位が決まり、「番付に幕内のドン尻」（p.49）となっているが、その番付ではそれを確認できない。確認できる番付は14年1月場所である。13年春場所では地位が決まっただけで、番付記載は14年春場所になったのかもしれない。あるいは変則的に、別の用紙に張り出したのかもしれない。

15）　東京相撲の幕内となったとき、房の色が朱房から紅白房になったことは自伝『行司と呼出し』などでは書いてないので、実際に房色が変わったかどうかはわからない。階級が変わっていることから、房色も変わったに違いないとしてだけである。昇格を約束し、それまで以前の房色をそのまま使用したという見方もできる。

16）　たとえば、『行司と呼出し』（昭和31年、p.57）や『相撲』（平成13年6月号）の「身内の証言—22代木村庄之助の巻き（2）」（p.116）で確認できる。

いない。このときもやはり草履は許されていない。大正15年1月でも昭和7年春場所でも朱房でありながら、草履を履いていない。木村庄之助・前原太郎共著の自伝『行司と呼出し』（p,57）によると、林之助は容堂（昭和12年1月）、玉之助（昭和14年1月）、18代式守伊之助（昭和15年1月）、22代木村庄之助（昭和26年9月）となっている。

(2)　木村玉光は大阪相撲の行司だが、合併のとき幕内の二番手になっている。林之助と庄三郎のあいだに位置することから、大阪相撲では朱房の上位だったに違いない。[17]　林之助と庄三郎は昭和2年春場所番付では幕内になっている。両行司とも大正末期は朱房だった。玉光は昭和10年5月に三役の朱房になっている。この朱房は二度目の房色に違いない。玉光は重政（昭和5年1月）、玉二郎（昭和9年1月）、玉之助（昭和15年5月）と改名している。行司名「玉光」の代数を深く調べたことはないが、この玉光は14代になるという指摘もある。それが正しいのかどうかは吟味する必要があるかもしれない。

(3)　木村庄三郎は大正14年春場所に朱房になっている（自伝『軍配六十年』、昭和36年、p.158）。昭和2年春場所では木村林之助と同様に、幕内に格下げされ、それに伴って紅白房になっている。紅白房の行司は足袋だけで、草履は許されない。しかし、昭和10年5月に紅白房から朱房になっている。[18]　これは二度目の朱房に違いない。興味深いの

---

17)　木村玉光が大阪相撲で朱房だったことは、文字資料などでは直接確認していない。番付では房色はわからない。林之助と庄三郎のあいだに位置付けられていることから推量しているだけである。

18)　庄三郎の自叙伝『軍配六十年』が（昭和36年）の「年譜」（pp.157-8）には大正14年春の三役行司昇進については記述があるが、昭和10年5月の三役昇進については何も記述されていない。二度目の昇進年月については異なる年月もある。たとえば、『大相撲』（平成6年6月号）の三谷光司筆「立行司になるまで」（p.136）では9年1月となっている。『相撲』（平成12年2月号）の「辛酸三十七年〈木

は、庄三郎は朱房でありながら、正直とともに例外的に草履を許可されていることである。特別に「格草履」という名称で呼ばれることもある。それは昭和 22 年 6 月である（自伝『軍配六十年』、昭和 36 年、p.158）^[19]。これからわかることが二つある。一つは、三役行司は昭和 2 年以降草履を許されていなかった。もう一つは、庄三郎と正直を除き、他の三役行司は昭和 7 年後も全員相変わらず足袋だったことである。文献の中には三役行司は昭和 2 年以降、草履を履いていたとするものがあるが、それは正しくない。庄三郎と正直の草履が「例外」であるのは、他の三役行司が依然として草履を許されていないからである。昭和 34 年 11 月まで草履を許された三役行司は、この二人以外にいない。

(4)　木村誠道は大正 14 年 2 月に朱房になっている。これは吉田追風から授与された免許状の日付で確認できる^[20]。庄三郎や林之助と同様に、昭和 2 年春場所は幕内に格下げられ、それに伴い紅白房になっている。誠道は昭和 3 年 10 月に辞職しているが、そのときは紅白房だったに違いない。

(5)　木村正直は大阪相撲の行司だが、昭和 2 年春場所では幕内の 5 番手である^[21]。昭和 12 年 1 月場所後、朱房に昇進している（『行司名鑑』

村庄三郎〉」（p.70）では自ら「この度、三役格に昇ることができました」と語っているので、昭和 12 年以前であることは間違いない。本書では『大相撲』（昭和 16 年 1 月号）の「行司紹介」（p.65）に基づき、昭和 10 年 5 月としている。

19)　『大相撲』（昭和 38 年 1 月号）の「土俵一途の 55 年」によると、22 年 6 月に草履を許されたという（p.47）。

20)　免許状の文面や日付は拙著『大相撲行司の軍配房と土俵』（2012、p.260）で確認できる。

21)　『大相撲』（昭和 47 年 5 月号）の新田勝筆「その後の四庄之助」（p.57）によると、正直は大正 13 年夏に幕内になっている。昭和 2 年春までのあいだに三役に昇格していなければ、紅白房の行司だったに違いない。誠道は大正 14 年 2 月に朱房になっているが、正直はその次に位置付けされている。紅白房だった式守要人が

／『相撲』〈昭和35年2月号〉の「新庄之助によせて」〈p.97〉）。正直の朱房が二度目だったのか、最初だったのか、はっきりしない。大正13年夏に紅白房だったことを考慮すれば、最初の朱房だったようだ。1年半ほどで朱房に昇格することは普通でないからである。正直は昭和13年春に三役格になり、草履を許されたのは、昭和22年6月（夏場所）である。それまでは、もちろん、草履を履いていない。

〈3〉昭和15年夏場所の番付

昭和14年5月改正の規定では、三役行司に関する条文が少し変更されている。これまでは三役行司に対応する力士の階級があいまいだった。

・昭和14年5月改正（第24条）

「紫総は横綱に、紫白総は大関に、緋総は三役に、紅白総は幕内力士に対等するものとする。」

朱房行司は三役力士に対応することが明確になっている。この規定でも、もちろん、草履や短刀については何も言及されていないが、それは従来と同じである。つまり、三役行司には草履も短刀も許されていない。

　立行司

紅白から青白に格下げされていることから、正直のすぐ下の木村友次郎は十両格に格下げされている。正直が紅白房のままだったか、朱房に昇格していたかどうかは、まだ調べる必要がある。参考までに、大阪相撲から来た行司を記しておくと、木村友次郎（十両）、木村啓太郎（幕下）、式守金吾（幕下）、木村滝三（序ノ口、のちの校之助、公之助）、木村宗太郎（序ノ口）、木村正信などがいた式守金吾はのちに25代木村庄之助になった。これは主として22代木村庄之助・前原太郎共著『行司と呼出し』（p.53）や『大相撲』昭和54年5月号の「二十二代庄之助一代記（第10回）」（p.144）に基づく。

　　木村庄之助（17 代、総紫房）、式守伊之助（18 代、真紫白）、木村
　　玉之助（13 代半々紫白）
　三役行司
　　　清之助、庄三郎、正直、与太夫、善之輔

(a)　木村清之助は昇格を自ら遠慮し、引退するまでずっと三役行司のま
　　まだった。17 年 12 月に亡くなっている。自分の年齢を気にし、後輩
　　に席を譲ったという。[22]昭和 2 年春場所に紫白房から朱房に格下げされ、
　　草履から足袋になった。清之助は引退まで草履を履かなかったことに
　　なる。

(b)　式守与太夫（8 代）は式守喜三郎から改名。昭和 11 年 5 月である。
　　与太夫は昭和 14 年春場所、朱房の三役行司になっている。昭和 34
　　年 11 月、定年退職している。草履を履くことはなかった。

(c)　木村善之輔は昭和 5 年 5 月、幕内の紅白房に、昭和 15 年夏場所三
　　役の朱房になっている。昭和 22 年 5 月場所から木村庄太郎（13 代）
　　に改名し、昭和 34 年 11 月に定年退職している。草履を履くことは
　　なかった。

〈4〉昭和 22 年夏場所の番付

　昭和 22 年 6 月に朱房の三役行司・木村庄三郎と木村正直は草履を許さ

---

22)　『相撲と野球』（昭和 18 年 1 月号）の「故木村清之助のことなど」には「現役
　　行司の最長老であり立行司として木村庄之助を継ぐべきを、自分は老齢にして
　　その任にあらずと常に辞退し、緋総の行司として後進の指導に当たっていた。」
　　（p.44）とある。式守伊之助襲名を自ら辞退したことは清之助について述べてい
　　る文献ではよく見られる。その一つには、たとえば『野球界』（昭和 15 年 6 月号）
　　の「夏場所大相撲観戦大福帳」（p.118）がある。

れている。そのときの番付を示す。

　　立行司
　　　木村庄之助（総紫房）、式守伊之助（真紫白）、木村玉之助（半々紫白）
　　三役行司
　　　庄三郎（朱）、正直（朱）、与太夫（朱）、庄太郎（朱）、今朝三（朱）、
　　伊三郎（朱）

(1)　木村庄三郎と木村正直が草履を許され、「格草履」の三役行司となる。房の色は朱房である。これにより、三役行司はそれまで草履を許されていなかったことがわかる。帯刀は原則として許されない。

(2)　木村庄三郎と木村正直以外の三役行司4人は、草履を許されていない。これは昭和34年11月まで続いている。昭和2年春場所から昭和34年11月までのあいだ、三役行司はこの二人を除いて草履を許されていない。したがって、そのあいだに三役行司が草履を許されたとする文献があれば、それは正しくないことになる。

(3)　木村今朝三は昭和15年1月に朱房の三役行司になっている。

(4)　式守伊三郎は昭和22年6月に朱房の三役行司になっている。式守伊三郎は昭和24年1月、式守鬼一郎と改名している。のちの式守伊之助（20代）木村庄之助（24代）である。

---

23)　昭和22年6月の本場所は明治神宮外苑相撲場で開催されている。19代式守伊之助の自叙伝『軍配六十年』(p.158)では「夏、草履をゆるさる」とあるが、この「夏」は夏場所を表している。
24)　横綱土俵入りを引くときは、現在と同様に、短刀を差せたはずだが、当時、庄三郎と正直が横綱土俵入りを引いたかどうかは調べてない。
25)　『大相撲』(昭和39年7月号)の「行司生活五十五年—二十四代木村庄之助」(p.49)に基づく。

〈5〉昭和 29 年夏場所の番付

　木村庄三郎が昭和 26 年 6 月に、木村正直が昭和 26 年 9 月に、それぞれ、副立行司になった。そして、木村庄三郎は 9 月に、立行司の式守伊之助（19 代）に昇格した。木村玉之助は副立行司のままである。そのときの番付である。

　　立行司
　　　（式守伊之助改め）木村庄之助（総紫）
　　　（木村庄三郎改め）式守伊之助（紫白）
　　副立行司
　　　木村玉之助（紫白）
　　　木村正直（紫白）
　　三役行司（全員、朱）
　　　式守与太夫、木村庄太郎、木村今朝三、式守鬼一郎

　三役格の房色は朱で、以前と変わらない。立行司の式守伊之助と副立行司・木村玉之助と木村正直の房色は規定上「紫白」だが、運用面で少し異なる。式守伊之助は「真紫白」、副立行司は「半々紫白」である。

〈6〉昭和 34 年 11 月場所の番付

　昭和 34 年 11 月場所を最後に、立行司 2 人、副立行司 1 人、三役行司 2 人が定年退職で辞めた。その時の番付を見よう。

　　立行司
　　　木村庄之助（総紫房）、式守伊之助（真紫白）
　　副立行司
　　　木村玉之助（半々紫白）、木村正直（半々紫白）

三役行司

　　与太夫（朱）、庄太郎（朱）、鬼一郎（朱）、式守錦太夫（朱）、木村
　　玉光（朱）、式守勘太夫（朱）

(1)　木村庄之助（22 代）、式守伊之助（19 代）、木村玉之助（13 代）、
　　式守与太夫（8 代）、木村庄太郎（13 代）の 5 名が場所後に定年で退
　　職した。[26]

(2)　三役行司は昭和 2 年春場所からこの 34 年 11 月まで草履と帯刀を
　　許されていない。例外は庄三郎と正直だけである。

(3)　式守鬼一郎は翌 35 年 1 月に式守伊之助（20 代）に、それから昭和
　　38 年 1 月に木村伊之助（24 代）になっている。

(4)　式守錦太夫（7 代）は元錦之助（5 代）である。昭和 31 年夏場所
　　に朱房の三役行司になった。錦太夫はのちの与太夫（9 代）である。[27]
　　昭和 36 年 9 月に廃業した。

(5)　木村玉光は元大阪行司である。その後、重政、玉二郎などと改名
　　している。昭和 15 年 5 月に木村玉之助（13 代）になっている。三役

---

26)　26 代木村庄之助筆「庄之助一代記（下）」（『大相撲』昭和 59 年 12 月号）に「一
　　時、三役行司でも草履を脱がされたことがあるんです。前の与太夫（8 代：本書注）
　　さんとか庄太郎（13 代：本書注）は草履をはずされちゃったんです。そしてとう
　　とうはけずに廃業した。」（p.103）とある。「8 代与太夫と 13 代庄太郎は三役行司
　　になってから草履を一度も許されていない。この記事は昭和 35 年 1 月から三役
　　行司にも草履が許され、「格草履」になったことを述べる際に、それまで三役行
　　司は草履を履けなかったことを伝えたかったに違いない。庄太郎と与太夫が足袋
　　姿で捌いている写真は、たとえば、『大相撲画報』（昭和 32 年 11 月）の「勝負を
　　さばく人たち〈行司一覧〉」（pp.24-7）でも見られる。
27)　錦太夫から与太夫に改名したのは昭和 36 年 7 月である。9 月に廃業（引退）
　　しているので、与太夫を名乗ったのは 2 場所だけである。

行司に昇格したのは昭和 10 年 5 月である。これは『大相撲（昭和 16 年 1 月号）の「行司紹介」（p.65）に基づく。その当時、玉二郎は庄之助の一枚上なので、昇格年月に差があったとすれば、玉二郎が少し早めに許されたかもしれない。[28]

〈7〉昭和 35 年 1 月場所の番付

昭和 35 年初場所では副行司が廃止され、三役行司にも草履が許されている。これは昭和 35 年 2 月の審判規定の「行司」の項（第 20 条）に規定されている。

・『近世日本相撲史（5）』（昭和 35 年）。

「三役行司にも草履を許可の特例を設けた。これは行司の定年制、定員制が今場所から実施されて、副立行司木村玉之助が定年退職したのを機に、大阪相撲の立行司木村玉之助の名跡及び副立行司を廃止し、立行司は木村庄之助、式守伊之助の二人となった。しかし、立行司が病気で休場した場合、横綱の土俵入りに支障を来すおそれがあるので、立行司のみに許されていた草履を、三役行司にも許可したものである。」（pp.3-4）

これが現在も続いている。

昭和 35 年 1 月場所の番付では副立行司がなくなり、それに伴い半々紫白房の行司もいない。紫白房は式守伊之助だけである。三役行司の人数も

---

28)　たとえば、『行司名鑑』によると、庄三郎の朱房は昭和 10 年 5 月場所後となっている。すなわち、5 月場所からではなく、場所後である。場所後であったが、場所中から朱房を使用していたかもしれない。これが真実かどうかは、今のところ、わからない。

少なくなっている。

　　　立行司
　　　　木村庄之助（総紫房）、式守伊之助（真紫白）
　　　三役行司（朱房、無草履、無帯刀）
　　　　式守錦太夫、木村玉光、式守勘太夫

（1）　木村庄之助（23代）は木村正直（2代）であり、式守伊之助（20代）
　　　は式守鬼一郎（5代）である。木村正直（2代）は式守伊之助を経験
　　　していない。[29]

（2）　朱房の三役行司はこの場所から自動的に草履を履くことができた。
　　　帯刀するのは、基本的に横綱土俵入りを引くときである。これは現在
　　　も同じ。

4.　今後の課題

　本章では昭和2年春場所から34年までの朱房・三役行司は草履を履い
ていないし、まして短刀など差していなかったと指摘している。それを示
す証拠の一つとして大阪相撲の木村清之助の行司歴がある。清之助は紫白
房で草履を履いていたが、合併相撲では朱房に格下げされ、同時に草履を
はく奪されている。清之助がそのような処遇をされたなら、他の式守与太
夫と勘太夫も朱房で、草履を履かなかったと判断できる。本章ではそう指
摘しているが、その判断は正しいのだろうか。
　朱房の草履格であれば、三役行司として扱ってもよいが、朱房であって
も草履を履かなければ、三役行司ではないという見方もできる。したがっ

---

29)　これは木村庄之助（18代）と同じ。木村朝之助（初代）は大正11年11月、
　　三役から式守伊之助を経験することなく木村庄之助となった。

て、清之助、与太夫、勘太夫はそもそも三役行司ではないかもしれない。[30]
三役の呼称そのものに問題がないだろうか。大正時代の相撲規則によれば、
朱房で草履を許された行司が三役であり、朱房でも草履を許されなければ
「幕内格」扱いである。昭和 2 年春場所の三役行司はその規定に合致する
だろうか。本章ではその規則は昭和 2 年春場所の三役人事では「生かされ
ていない」としているが、それは正しい判断だろうか。やはり吟味する必
要がある。

　本章では、林之助、玉光、庄三郎、正直の 4 名を「紅白房」としている。
大正 15 年 5 月場所当時は全員「朱房」だった。昭和 2 年には格下げされ、
それに伴い紅白房になった。しかし、その「紅白房」扱いは状況証拠に基
づいたものである。たとえば、この 4 人は全員、のちに「朱房の三役行司」
に昇格している。それは事実である。そうであるなら、一度目の「朱房」
は何だっただろうか。格下げに伴い、房色は変更されたのか、それとも以
前のままだったのか、検討してみる必要があるかもしれない。

　一つの見方としては、降格したのだから、それに伴い「紅白房」になっ
たことである。本章ではその見方をしている。しかし、もう一つの見方と
しては、昭和 2 年春場所だけでなく、「二度目」の三役行司昇格までも「朱
房」のままだったとするものである。すなわち、本来なら「紅白房」だが、
房色の既得権を暗黙に認め、特別に「朱房」のままにしておいた。この見
方には、もちろん、他の行司や制度上の問題があり、本章では拒否してい
るが、「特殊な事情」から行司会や相撲界は許容していたのかもしれない。
格下げされた 4 名は二度目の「朱房の三役行司」については明確に語って
いるが、不思議なことに、「一度目の朱房」がどうなったかについては特
に語っていない。行司の世界では普通、階級と房色は密接な関係にあるこ
とから、格下げになれば房色も当然変わるはずである。本書ではその考え

---

30)　朱房の草履を履く行司を「三役行司」、そうでない行司を「三役格」と呼んで
　　区別するなら、特別に「三役格」という呼称も使用できるが、本書ではどちらの
　　朱房も草履の有無に関係なく「三役行司」として扱っている。したがって、草履
　　を履かない三役行司を「紅白行司」の階級として扱うこともない。

を維持しているが、実際はどうだったのだろうか。

　昭和2年春場所番付の前に当然、関係者が討議し、行司の人事を決めているが、その時、どういう基準で決めたのか、必ずしもはっきりしない。昭和3年施行の規定があるが、そこには行司の階級と力士との対応関係について述べてあるだけであり、昭和2年春場所番付を作成する際、どのようなことが話し合われたかはわからない。大阪相撲の総紫の木村玉之助や紫白房の木村清之助の人事については番付上明確になっているが、東京相撲の朱房行司や紅白房行司のことは状況証拠に基づいて判断しなければならない。番付では順位に関しては明確だが、房色については順位に基づいて判断するしかない。その際に、何を基準にして考量するかが重要になる。本章では番付を示しながら、行司歴や自伝などを参考にして判断してきたが、その判断が正しかったかどうかはやはり検討する必要があるかもしれない。

　本章をまとめていたとき、常に気にしていたことの一つに朱房行司は草履と短刀を許されていたとする文献の多さであった。圧倒的に数が多いのである。本章ではこれらの文献は事実に反するとしているが、頭の片隅には実はこれらの文献が正しいのかもしれないという考えがあった。しかし、番付に記載されている各行司の履歴や写真や自伝などを調べてみると、やはり三役行司は草履を履いていないし、短刀も差していない。圧倒的多数の文献と照らし合わせて、この事実をどう説明すればよいのだろうか。いまだに、その答えはない。

31）　昭和3年5月と昭和11年5月施行の寄附行為施行規則（それぞれ第25条と第24条）によると、紅白房と朱房の行司がどの力士に対応するかは必ずしも明確でないが、それは行司間の階級や房色に特に影響があるわけではない。行司だけを見れば、階級や順位は履物や房色で明確だからである。いずれにしても、昭和2年春場所の番付でもこの寄附行為施行規則が適用されたのかどうかは明確でない。しかし、たとえ適用されたとしても、寄附行為施行規則は形骸化されている。朱房の三役行司は誰一人として草履を履いていないからである。むしろ、木村清之助のように草履をはく奪されている。紅白房と朱房の行司と力士の対応関係を明確に規定したのは、昭和14年5月施行の寄附行為施行規則（第24条）である。

　大正以前であれば、朱房に草履を許すことは当たり前だったし、それを「三役」とも唱えるのも普通のことだったが、昭和 2 年春場所から 34 年 11 月までの朱房行司は草履を一人も履いていないのである。昭和 22 年 6 月に木村庄三郎と正直に草履を許されていたが、これは「例外」であり、他の三役行司は依然として足袋だけだった。

　大正の末期には朱房行司でも草履を許されたものはいない。たまたま適任者がいなかっただけかもしれないが、それにしても昭和 2 年春場所以降、朱房行司は誰一人草履を許されていない。そうであるにもかかわらず、多数の文献は朱房の三役行司は草履を履き、帯刀していると書いている。文献がときたま間違って記述することは何も珍しいことではない。間違った思い込みをすることはどの執筆者にもないとは言えない。それにしては、数が多すぎる。私は何か思い違いをしているのではないか。実は、現在でもその思いがある。

　本章の指摘がやはり私の間違った思い込みから生じていないかどうか、検討したらどうだろうか。その際は、もちろん、少数派の文献も検討してほしい。私は少数派の文献を全面的に支持している。事実に即しているからである。三役行司については、簡潔に「足袋である」とか「本足袋（幕内行司のこと）と同じである」というように、ものすごく簡潔である。草履を履いていないとか帯刀をしていないとかという記述はない。三役行司を経験した元行司が著した自伝や雑誌記事などでは、三役行司が草履を履いたとか帯刀を許されていたとかという記述はないのである。

　いずれにしても、本章を契機に、昭和 2 年春場所から 34 年 11 月場所まで、三役行司が草履を履いていたか否か、また、多数の文献は間違った記述をしているのかいないのか、今後検討してみる必要がある。本章の指摘が間違っていれば、私は素直にお詫びし、訂正する。

資料1：草履を履けないとする文献

　不思議なことに、三役行司は草履を履けないとする文献はかなり少ない。しかし、それらの文献が事実を反映している。特に（8）『大相撲画報』（昭和32年11月）と（10）拙著『大相撲行司の軍配房と土俵』（2012）は重要である。三役行司の足元がはっきり写っているからである。

　なお、文献にはどのページに三役行司のことが書かれているかも示してある。どういうことが書かれているかについては、そのページに実際に当たるとよい。例示してある文献は、もちろん、たまたま私がピックアップしたものに過ぎない。他にもっとたくさんあることを指摘しておきたい。

(1)　『夏場所相撲号』昭和8年5月、野球界社。江藤述人筆「これ丈けは心得ておくべし」（pp.158-60）の「行司」（p.159）。

(2)　『春場所相撲号』（昭和10年1月号、野球界）の「面白く相撲を見るには〈行司の資格を見る法〉（p.81）。」

(3)　『大相撲春場所号』（臨時増刊号、アサヒスポーツ編、昭和13年1月）の「行司」（pp.18-9）。

(4)　『大相撲夏場所号』（アサヒスポーツ編、昭和16年5月）の「行司」（p.31）。

(5)　木村庄之助（20代、松翁）著『国技勧進相撲』（p.55）、言霊書房、昭和17年。

(6)　『相撲と野球』（春場所相撲号、昭和18年12月号、博文館）の「行司の階級」（p.40）。

(7)　木村庄之助（22代）・前原太郎著『行司と呼出し』（p.66）、ベースボール・マガジン社、昭和32年。

(8)　『大相撲画報』（昭和32年11月、朝日新聞社）の「勝負をさばく人たち〈行司一覧〉」（pp.24-7）。立行司22代木村庄之助から序ノ口木村清四郎までの行司全員が掲載されている。取組を裁く姿の写真で、足元も全員きれいに写っている。三役行司6人は全員足袋を履き、短

刀は差していない。もう一人の三役行司・式守宗四郎は病気休養中で
写真は掲載されていない。これから見てもわかるように、三役行司は
草履を履かないし、短刀も差していない。

(9)　19 代式守伊之助こと高橋金太郎著『軍配六十年』、発行・高橋金太
郎、昭和 36 年。

「帯刀、草履だけは立行司だけにしか許されません。(中略)　軍配は、
行司にとって一番大切なものですが、(中略) フサの色にも階級があっ
て、立行司木村庄之助は紫色、同じく立行司式守伊之助は紫白色とき
まっております。」(p.116)

　この著書は三役行司に草履が許された昭和 35 年 1 月後の翌年 36 年 1
月に発行されているが、この帯刀と草履に関する箇所は 35 年以前のこと
を語っている。草履と帯刀は立行司にのみ許されることからわかるように、
下位の行司、たとえば三役行司には草履と帯刀は許されていないこともわ
かる。

(10)　拙著『大相撲行司の軍配房と土俵』(2012) の第 5 章「昭和 2 年か
ら昭和 34 年秋場所までの三役格行司」。その末尾で「草履の朱房と
無草履の朱房」の資料」(pp.175-80) として写真資料を提示してある。

「昭和 2 年春場所以降も、三役格は『草履を履き、短刀を差す』と記
した文献は数多く見られるが、それはすべて誤りである。昭和の三役
格は草履を履いていない。したがって、短刀も差していない。それを
証明する証拠を示す。写真なので、真の姿がそのまま写っている。」
(p.175)

資料 2：草履を履けるとする文献

　草履が履けて、短刀（または木刀）も許されるとする文献は、驚くほど

多い。次に示す文献以外に、もちろん、他にもたくさんあることを指摘しておきたい。文献が圧倒的な数なので、三役行司は草履を許されていたのではないかと思ってしまう。しかし、事実はこれらの文献とは違っているのである。なぜこのような間違ったことがあたかも正しいことのようになってしまったのか、この際、考えてみたらどうだろう。

(1) 『春場所相撲号』(昭和 4 年 1 月号) の「速成相撲大通〈行司の階級〉」(p.44)[32]。

(2) 大ノ萬助著『相撲の話』(p.55)、誠文堂、昭和 5 年。

(3) 『相撲早わかり』(国技書院、昭和 7 年、p.40)。

(4) 『相撲道』(S9.5) の「行司の修練と見識」(pp.15-6)[33]。

(5) 『相撲道』(昭和 9 年 11 月、大日本相撲協会内) の「行司の修練と見識」(pp.15-6)。

(6) 小泉葵南著『昭和相撲便覧』(昭和 10 年、pp.39-40)。

(7) 舜岡智・花坂吉兵衛著『相撲講本』(pp.653-4)、相撲講本刊行会、昭和 10 年。

(8) 『夏場所相撲号』(昭和 11 年 5 月号、野球界社) の「相撲通になるには〈行司の資格〉」(p.115)。

(9) 『夏場所相撲号』(昭和 12 年 5 月号、野球界社) の「相撲通宝典」(p.115)。

(10) 『角界時報』(昭和 12 年 5 月、角界時報発行所) の「角界事物詳解〈行

---

32) 朱房行司を二分し、草履を履けるものとそうでないものに分けている。この二分法は明治期と大正期ともに見られたが、昭和 2 年以降にもそれが実際に生きていたかどうか疑問である。昭和 2 年には朱房・三役行司は全員、草履を許されていない。特例として昭和 22 年 6 月、特例として木村庄三郎と木村正直に草履が許されているが、これは例外である。また、同号の「行司の資格」(p.97) にも行司の階級について説明があるが、階級とその説明に混乱がある。たとえば、紅白房は十両格に相当し、緋房は幕内格に相当している。まともな記述であったなら、緋房と草履の関係もわかったはずだが、残念である。

33) これと同じ内容の記述は、『角界時報』(S14.6, p.7) にもある。

司〉」(p.14)。

(11)『春場所相撲号』（昭和 13 年 12 月号、野球界社）の「相撲フアン
　　　大福帖〈行事の見分け法〉」(p.171)。

(12)『大相撲夏場所畫報』（昭和 14 年 6 月、新潮社）の「行司の階級
　　　と見分け方」(p.96)。

(13)『角界時報』（昭和 14 年 6 月）の「行司の苦心物語」(p.7)。[34]

(14)　大日本相撲協会編『国技相撲』（大日本相撲協会、昭和 14 年、
　　　pp.40-1)。

(15)『最新相撲宝典』（野球界第二附録、p.23)、野球界社、昭和 14 年。

(16)　伊藤忍々洞著『相撲展望』(p.64)、雄生閣、昭和 14 年。
　　　　これは大ノ萬助著『相撲の話』(p.55) をそのまま引用したに違いない。

(17)『昭和相撲大全』（野球界九月号附録、(p.45))、野球界社、昭和 14 年。

(18)『春場所相撲読物号』（昭和 15 年 1 月）の「相撲もの識り百科〈行
　　　司の見分け法〉」(p.180)。

(19)『夏場所相撲号』（昭和 15 年 5 月号、野球界社）。「大相撲観戦手引帳」
　　　の「行司」(p.179)。

(20)『夏場所相撲号』（昭和 16 年 1 月号、野球界社）の「相撲百科典〈行
　　　司の見分け法〉」(p.32)。

(21)『春場所相撲読物号』（昭和 16 年 1 月号）の「国技相撲は如何に
　　　味わうか〈行司の話〉」(p.111)。

(22)『夏場所相撲号』（昭和 16 年 5 月号、野球界社）。「夏場所観戦手引き」
　　　の「行司」(p.135)。

(23)『春場所相撲号』（昭和 16 年 12 月号、野球界社）。「春場所相撲事典」
　　　の「行司の見分け法」(p.95)。

(24)『春場所相撲号』（昭和 17 年 12 月号、野球界社）の「春場所兎大
　　　相撲必携〈行事の見分け法〉」(p.93)。

---

34)　朱房行司を小結格と関脇格に二分している。小結格の朱房行司は草履を許され
　　ないが、関脇格なら許される。繰り返し指摘しているが、本書ではこの二分法は
　　昭和 2 年以降、適用されていないという立場である。

(25) 加藤著『相撲』（昭和 17 年、（p.173）

(26)『相撲と野球』（夏場所相撲号、昭和 18 年 4 月号）の「行司と行司の部屋別」(p.59)。

(27) 鈴木要吾著『相撲史観』(p.119)、人文閣、昭和 18 年。

(28) 彦山光三著『相撲読本』(p.171)、河出書房、昭和 27 年。

(29)『相撲事典―相撲のことなら何でもわかる』（『相撲』増刊、昭和 28 年 4 月）の「行司の格式〈五つの階級〉」(pp.148-9)。

(30)『新版相撲通になるまで』、（『相撲』増刊、昭和 28 年 11 月）の「行司の見分け方」(pp.51-2)。

(31)『大相撲観戦案内』（昭和 29 年 2 月）の「大相撲観戦手引き〈行司の見分け方〉」(p.8)。

(32)『夏場所観戦案内』（『相撲』増刊、昭和 29 年 6 月）の「大相撲観戦手びき〈行司とその階級〉」(p.28)。

(33)『相撲』（昭和 29 年 10 月号）の「行司の見分け方」(p.37)。

(34)『大相撲力士写真大名鑑』（野球少年 2 月号付録、昭和 30 年 2 月）の「行司の階級」（裏表紙）。

(35)『相撲大観』（『相撲』増刊、p.89）、昭和 30 年 7 月）の「行司の服装と階級」(p.89)。

このように、多くの文献があると、確かに三役は草履を履いていたと判断してもおかしくない。しかし、繰り返し指摘したように、昭和 34 年 11 月までは、朱房の三役行司は草履を履いていない。

資料 3：十両以上の行司が帯刀できるとする文献

明治 43 年から大正 11 年のあいだのいつごろ、十両以上の行司が短刀を差さなくなったのかは不明である。規則で決めたというより行司仲間で話し合って差さないようにしたのかもしれない。大正 11 年までの文献だけでなく、その後の文献でも草履の朱房行司は「本来ならば短刀を差すが、いろいろな都合で遠慮している」という表現が見られることがある。この

文献を手掛かりに十両行司や幕内行司の短刀に関する問題が解明されることを期待している。

(1)　『読売新聞』（明治 43 年 5 月 31 日）の「直垂姿の行司」。

「以前は立行司だけが小刀を帯したが、今度は足袋以上は鎧通しは左前半に帯することになる。」

(2)　『時事新報』（明治 44 年 6 月 10 日）の「相撲風俗（8）－行司」。

「（前略）脇差であるが、これはもと紫白房以上でなければ許されなかったものであるが、最近その服装を鎧下の直垂に改めてからは足袋以上に佩かせることとなった」

(3)　『無名通信』（大正 4 年 5 月）の「行司の給料と呼出の修業」[35]。

「脇差は足袋以上にならぬと佩用する事ができないもので、以前裃を着けていた時代には、紫白染分けの房すなわち大関格以上でなければ佩用する事ができなかったが、裃が、鎧下の直垂に改められてから足袋以上、すなわち十両から幕の内格の行司なら、その佩用を許されるようになった。」（p.69）

(4)　『野球界』（大正 5 年 5 月）。

「脇差は足袋すなわち十両以上でなければ佩用を許されない。」（p.54）

---

35)　この記事では、「序ノ口から二段目までが黒の房で、幕下格が青の房」（p. 69）となっている。大正 4 年当時、幕下格以下で階級による房の色が区分けされていたかどうかは不明である。これに関しては、拙稿「幕下格以下行司の階級色」(2007)にも少し詳しく触れている。

(5) 小泉葵南著『おすもうさん物語』（大正6年）。

「脇差は足袋すなわち十両でなければ佩用を許されない」（p.227）

(6) 『春場所相撲号』（大正9月1日）の「行司になるには、呼出しになるには」。

「脇差しも十両格以下の行司には許されないのである。要するに力士と同じく、十両格から行司も足袋は履けるし脇差しは差せるし貫目がついてくるのである。」（p.48）

(7) 『相撲画報』（夏場所号、大正10年5月）の「行司の階級」。

「十両格からは足袋も穿けるし、脇差も許されるのである。」（p.98）

(8) 『夏場所相撲号』（大正10年5月）の「行司さん物語」。

「（前略）関脇格になりますと、いよいよ土俵で草履が許され、軍扇には朱房を用いますが、格式は一段上がってきまして、本来なれば土俵で帯刀するのが正当なのでありますが、いろいろの都合上略しております。」（p.105）

第6章　赤色の四本柱と土俵の四方位

1.　本章の目的[1)]

　安政5年1月場所以降、四本柱は基本的に四色である。土俵の四方位も四色によって決まっている。すなわち、東は青色、南は赤色、西は白色、北は黒色である。ところが、安政5年以前の四本柱は基本的に赤色なので、どの柱がどの方位を表すか、一見しただけではわからない。[2)]

　本章の目的は土俵の方位が定まっていたのかどうかを調べ、方位は『相撲家伝鈔』（正徳4年〈1714〉）以降安政5年（1858）の四色導入まで定まっていたと主張することである。したがって、方位は現在まで定まって[3)]

---

1)　本章をまとめていく段階で、いつものように40代式守伊之助にお世話になった。特に錦絵の分析や相撲の歴史的変遷などについて語り合った。未解決の問題が多いだけに意見はいろいろあったが、本章の主張はすべて、私の責任であることを記しておきたい。水引幕の巻き方では40代式守伊之助と幕内行司・木村元基に仲介を依頼し、知り合いの元立呼出しや現役呼出しなどに確認してもらった。相撲博物館にも錦絵の閲覧や確認でお世話になった。これらの方々に改めて感謝の意を表する。

2)　赤色が普通だが、紅白色の四本柱もときおり見られる。本章では基本的に「赤色」としているが、紅白色でも土俵の方位はわからない。

3)　本章では正徳以前の四本柱については触れないが、実際は寛永8年（1631）頃にもすでに土俵の方位は定まっていたに違いない。たとえば、『相撲行司絵巻』の二枚の絵図には四本柱が四色で描かれている。この絵図に関しては、拙著『大相撲行司の松翁と四本柱』（2020）の第7章「安政5年以前の四本柱」でも少し扱っている。吉野裕子著『陰陽五行と日本の民俗』（1983）によると、陰陽五行の思想は7世紀にはすでに日本に導入されている（pp.20-4）。土俵の四本柱の方位と四時五行説の密接な関係は、四本柱が土俵に導入された頃にはすでに確立していたかもしれない。

いたことになる。方位は定まっていたが、東西南北の捉え方は、もちろん、明治42年（1909）6月を境に変化している。調査の資料は錦絵を基本にしているが、文字資料もときおり参考にしている。活用した錦絵は、本章の末尾に「資料：錦絵と分析」として示してある。

　土俵の方位を見きわめるために、本章では次の六つの視点から分析している。

　　　　（1）東西南北の方位　　　　（2）水引幕の巻き方と方位
　　　　（3）水桶と力紙の方位　　　　（4）弓具柱の方位
　　　　（5）対戦する力士の番付と方位　　　（6）中改の柱と方位

　これまで安政5年以前の四本柱の方位が定まっていたことを明確に主張した論考はない。本章が初めての試みである。六つの視点から錦絵を吟味して四方位が定まっていたことを主張しているが、少し大胆な主張かもしれないという危惧もある。錦絵を一つの視点から分析しても、それに反するものがときおり存在する。方位を決めるときは、一つの視点だけでなく、他の視点も加味している。一つの視点だけを強調すれば、たとえば、方位は「南」となるが、他の視点を考慮すれば「北」と判断できることもある。

　本章では錦絵を資料としているが、それは必ずしも事実を正しく描いているとは理解していない。絵師は意図して構図上事実に反することを描くこともある。錦絵ではどれが真実で、どれがそうでないかを見きわめることが大切である。それによって分析が異なることもある。見方が変われば、分析も変わる。そのことを強調しておきたい。

2.　東西南北の方位

（1）　錦絵では妻面が南北に、平面が東西になっている。南には役桟敷があり[4]、北には行司が控えている。南から見て右手が東になり、左手が

---

4)　錦絵では役桟敷を天明2年（1782）初期から明治36年（1903）あたりまで確

西になる。北から見れば、その逆の方位になる。つまり、行司の左が
東になり、右が西になる。北側の右手が乾、左手が艮、向こう左手が
巽、右手が坤である。これを図で示せば、次のようになる。

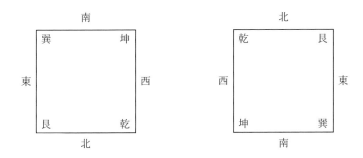

(2)　役桟敷がある方位が南である。そこは正面となる。南が正面である
　　ことは、『相撲家伝鈔』の図形にも明記されている。したがって、錦
　　絵で役桟敷が描かれていれば、その方位が南だということが容易にわ
　　かる。その反対側が北となり、そこには行司が控えている。それも『相
　　撲家伝鈔』の図形に明記されている。

(3)　屋形が描かれていると、南北の見分けは簡単である。[5] 妻面が南北で、
　　平面が東西である。これは明治42年6月の国技館開館時まで続いて

認できる（たとえば、明治中期なら『相撲百年の歴史』〈p.93〉や『大相撲人物
大事典』〈p.300〉）。したがって、役桟敷が南の方位にあったとすれば、正面は明
治期までも変わっていない。正面が北の方位に変わったのは明治42年6月の国
技館開館時である。正面の位置や東西南北は入れ替わったが、四本柱の配色の位
置は以前と変わらなかった。役桟敷は明治42年2月場所まであったかもしれな
いが、これはまだ確認していない。

5)　屋形に関しては、拙著『大相撲に見る秘話とその検証』（2013）の第4章「土
俵の屋根」にも詳しく述べている。昭和6年（1931）に現在の神明造りに変えて
いる。従来は妻面が南北だったが、昭和6年（1931）以降は平面が南北になって
いる。そのようになった理由を文献で確認できていないが、おそらく伊勢神宮を
模倣したからではないだろうか。伊勢神宮の正面は平面になっているからである。

いた。錦絵ではすべてと言っていいくらい、妻面が南北の方位で描かれている。南北は決まっているようなものだと言っても過言ではない。判別すべきは、どの方位が「正面」（つまり南）になり、「正面裏」（つまり北）になるかである。東の方位から見た錦絵としては、たとえば「江都大相撲浮絵之図」（天明2年2月）がある[6]。この錦絵では妻面が東西になり、平面が南北になっている。したがって、妻面は南と北の両方とも見えない。

(4)　土俵入りを描いてある錦絵では、行司の姿から南北のどちらを向いているか、判別できることがある。行司が蹲踞して背を向けていれば、北から南を見ていることになる。行司の顔の正面が描かれていれば、南から北を見ていることになる。行司の格好だけでは南北を見分けることができないこともある。また、役桟敷が描かれているか否かによって、北から見ているか、南から見ているかを判別できることもある。しかし、それはヒントになっても、すべてではない。特に、役桟敷がない場合、南北の判別は難しい場合がある。その場合には、弓を括り付けてある柱、水桶、力紙などの用具などを参考にして判別することになる[7]。

(5)　錦絵では全体として東西南北の見分けは容易である。役桟敷が描かれていない場合は、それ以外の要素を参考にして判別することになる。土俵だけをクローズアップして描き、土俵周辺の情景を描いてない錦

---

6)　東や西から見て描いたと思われる錦絵は、安政5年以前には非常に少ない。もしかすると、東や西から見て描いているが、屋形だけを南北に描いているのかもしれない。そういう疑念がないわけでもないが、本章では屋形の描き方から、妻面を南北とし、平面を東西としている。

7)　弓具や水桶を備える柱が決まっていなかったなら、方位を決めることはできない。本章ではその方位は決まっていたと解釈している。これは、実は、大きな問題で、弓具や水桶を備える柱の方位は寛政あたりまでは決まっていなかったかもしれない。それは今後吟味する必要がある。

絵もある。そういう場合でも、やはり力士の体の向きや行司の描き方
などを参考にしながら判別する。しかし、絵師が事実を正しく描いて
いないと判断せざるを得ない場合がある。そういう場合には、判断す
る要素がどの方位なのかを見きわめなければならない。

3.　水引幕の巻き方と方位

(1)　水引幕は北の乾から巻き始め、東の艮、南の巽、西の坤、そして乾
　　で巻き納める。この巻き順序は『相撲家伝鈔』（正徳 4 年）の時代か
　　ら現在まで同じである。しかも、右方向に巻いていく。つまり、北の
　　乾が決まれば、四方位は決まったことになる。これを確認したければ、
　　たとえば、木村政勝著『古今相撲大全』（宝暦 13 年）、木村左右馬著
　　『相撲伝秘書』（安永 5 年）、好華山人著『大相撲評判記』（天保 7 年）、
　　式守幸太夫記『相撲金剛伝』（別名『本朝角力之起原』、嘉永 6 年）、
　　彦山光三著『相撲読本』（昭和 27 年）、同著『相撲道綜鑑』（昭和 52 年）、
　　金指基著『相撲大事典』（pp.314-5、平成 14 年）、内館牧子著『女は
　　なぜ土俵にあがれないのか』（平成 18 年）などがある。[8] 元立呼出し
　　の拓郎を始め、現役呼出し 5 名に 40 代式守伊之助と幕内行司・木村
　　元基を介して尋ねてもらったところ、水引幕は黒柱を起点に青柱、赤
　　柱、白柱、黒柱という順序で巻くという返事をいただいた。[9] この巻き
　　方の伝統は少なくとも『相撲家伝鈔』（正徳 4 年）の頃から現在まで

---

8)　木村喜平次著『相撲家伝鈔』から現在に至る相撲の本では水引幕の巻き方は一
　　定している。どの本を開いてもその巻き方に違いはない。その巻き方を実際に見
　　たかどうかは明確でないが、巻き方の伝統はずっと維持されてきたに違いない。
　　内館女史はその巻き方を実際に見ている。私は水引幕のことをよく知っている元
　　立呼出しにもその巻き方を確認した。

9)　明治 42 年 6 月に国技館開館時には水引幕の巻き方が異なっていたという。つ
　　まり、赤から始まり、白、黒、青となり、赤で巻き終えたという。これは、もち
　　ろん、吉田司家の独自の方位に基づいている。いつからそのような巻き方になり、
　　国技館開館後のいつの時点で現在の巻き方に復帰したかも不明である。

持続されているに違いない。

(2)　錦絵では水引幕の巻き方を確認できない。したがって、錦絵は方位の確認には役立たない。しかし、どの柱が乾の柱になるかを他の要素から識別できれば、他の柱の方位も自動的に識別できる。たとえば、『相撲伝秘書』には北の柱を「乾」としている。したがって、北の方位がわかれば、その左の柱は艮である。右方向に北、東、南、西となるからである。錦絵では、実は、乾柱を見つけることは比較的容易である。東西を見つけ、その後に南北を見分けるとよい。北柱が見つかれば、それを起点に右回りに方位を順序良く決めることになる。

4.　水桶と力紙の方位

(1)　水桶は柱の近く、力紙はその柱に結い付けてある。[10] 錦絵では水桶は確認できるが力紙は描かれていないこともある。その逆もある。それは省略法によるものである。本章では、水桶は北側の左右の柱付近に備えて置くという立場である。[11] 北側に備えてある錦絵が圧倒的に多いからである。南側の左右の柱に水桶や力紙がある錦絵もあるが、それは絵師が構図上そのように描いてあると判断している。また、上覧相撲（たとえば堺市博物館制作『相撲の歴史』の絵巻、寛政3年6月）では、多くの場合、水桶や力紙が東西の対角に備えられている。勧進相撲でもわずかながらそのような錦絵（たとえば享和元年8月の「京

---

10)　水桶は柱の近くに、力紙はその柱に結い付けるが、説明の便宜上、「同じ柱」あるいは「同じ柱の方位」と表すこともある。水桶と力紙は常に一緒だが、水桶は柱の近く、力紙は柱に結い付けてある。

11)　錦絵を見るかぎり、水桶と力紙が北の左右の柱（乾柱と艮柱）に定まっているのは文化10年以降である。それまでは必ずしも定まっていない。これをどう解釈すればよいか、今のところ、わからない。何らかの変化があったかもしれないが、それを不問に付している。

都鴨川角觝図」、京都相撲）がある。勧進相撲で、実際に、水桶や力[12]紙が南の左右の柱に備えてあったり、東西の対角に備えてあったりしていたならば、本章の方位の分析には大きな誤りがあることを認めなければならない。本章では水桶や力紙の配置に一定の方位があり、それは北側の左右の柱だったとしているからである。

(2) 『古今相撲大全』(宝暦 13 年) の絵図を見ると、水桶と力紙は正面（南側）の左右の柱となっている。[13]また、同書の項「力水の清浄並びに化粧紙の近例」でも「左右」に置くようになっている。

　・「（前略）二つの水桶を左右（今でいう東西）に分け、終日相撲取りに与える。相撲取り咽中を潤す。（中略）今は化粧水という。」
　・「（化粧紙は：本章補足）正面の四本柱の左右の柱に吊り置き、相撲取りこれを使い用いる（後略）」

『古今相撲大全』の「正面」が南の方位を指しているかどうかがはっきりしないが、のちの天明期の錦絵を見ると、水桶と力紙は北側（行司控え）に変わっている。何時からそのように変わったかは不明である。錦絵では北側が圧倒的に多いが、南側が描かれているものも少しはある。水桶の位置は南側と北側のどちらでもよかったのか、たまたま絵師が南側に描いてしまったのか、それも不明である。

---

12)　水桶と力紙を備えておく柱の位置が上覧相撲や御前相撲と勧進相撲とで異なっていたかどうかは必ずしも確かでない。また、上覧相撲で水桶と力紙が常に対角の柱だったかどうかも確かでない。残念なことに、江戸時代の上覧相撲の土俵をすべて、絵図では確認できない。

13)　行司は正面（南）を向いて蹲踞している。南の右の柱（巽柱）に水桶と力紙が備えてある。これが真実を正しく反映しているかどうかは不明である。絵図の屋根の向きも普通の錦絵と違っている。妻面が南北になるはずだが、平面になっている。『古今相撲大全』は宝暦期の写本なので、この絵図に関しては深く立ち入らないことにする。

（3）　一人土俵入りや力士の取組などの場合、顔の向きが南（正面）を向いている場合、水桶や力紙の有無は南から見ているか、北から見ているかの判断材料になることがある。正面を見ているのに、南の左右の柱に水桶や力紙があると、錦絵は真実を伝えていないはずだという判断になる。もし水桶や力紙が南の左右の柱にも配置されていたなら、本章は大きな誤った判断をしていることになる。特に天明期から寛政期にかけては水桶と力紙の方位が一定でないことから、それが事実だったのかどうかを検討する必要がある。

5.　弓具柱の方位

（1）　文政 12 年春場所より弓具を結い付ける柱は艮柱である。隔日に坤柱に結い付けるしきたりがあったならばその柱にもありそうだが、安政 4 年冬場所までそのような例は見当たらない。[14] たまたま坤柱に弓具を結い付ける錦絵がないのかもしれないが、一つも見つからないというのは不思議だ。もし今後一つでもそのような錦絵が見つかれば、隔日に艮柱と坤柱に結い付けるしきたりがあったことの証拠となる。安政 4 年冬場所以降は艮柱が圧倒的に多いが、坤柱も描かれている。隔日に出掛けの柱に結い付けるというしきたりがあったに違いない。問

---

14)　弓具を括り付ける柱に関しては、拙著『大相撲行司の松翁と四本柱の四色』の第 4 章「役相撲の矢と扇子」でもやや詳しく説明しているが、天明期から安政の頃の弓具に関しては詳しい説明をしていない。錦絵を見るかぎり、出掛けにより隔日に弓を括り付ける柱の位置が決まっていないからである。なお、『東京朝日新聞』（明治 42 年 6 月 3 日）の「式前の土俵」や吉田長孝著『原点に還れ』（p.64）によると、明治 42 年 6 月の国技館開館時には吉田司家により南の赤柱に弓具を括り付けているが、それは吉田司家独自の方位に基づいているようだ。吉田司家独自の方位に関しては、たとえば彦山光三著『土俵場規範』（pp.79-80、昭和 13 年）や笠置山勝一著『相撲範典』pp.130-1、昭和 17 年）にも言及されている。本章では吉田司家独自の方位に関してはそういう方位もあったことを述べるだけに留める。

題は、いつから隔日に 2 本の柱に結い付けるようになったかである。

(2)　文政 9 年以前には弓具を括り付ける柱は固定していない。坤柱は非常に少ないが、他の 3 本の柱（つまり乾柱、艮柱、巽柱）には同程度の数で弓具が括り付けられている。つまり、弓具を括り付ける柱は「出掛け」とは関係ない。もし出掛けと関係あれば、東の左右いずれかの柱、西の左右いずれかの柱は固定していたはずである。東と西の左右いずれの柱も同程度の数である。坤柱が非常に少ないことから、その柱は除外するという決まりがあったかもしれない。その基準は、今のところ、不明である。1 本の柱でも除外したことが事実なら、土俵の四方位は定まっていたことになる。

(3)　もう一つの見方としては、出掛けによって東西になっていたとすれば、東は艮柱か巽柱のいずれかが正しいかもしれない。西は圧倒的に乾柱なので、隔日に弓具を括り付けるのはその柱となる。東ではなぜ艮柱と巽柱の両方が見られるのだろうか。これは絵師がたまたま事実を描いていないとしか言いようがない。東はどの柱でもよいという考えは一貫性がないからである。これは、もちろん、出掛けによって弓具の柱を変えていたということを前提としている。その前提が崩れれば、東西の柱が決まっていたという考えも成り立たないことになる。

(4)　『古今相撲大全』（宝暦 13 年）に次のように書いてある。[15]

　　「この弓は四本柱のうち出掛けの正面の乾の柱に結い付け置きしが、

---

15)　明治以降、弓具を括り付ける柱に関しては、たとえば、塩入太輔編『相撲秘鑑』（p.19、明治 19 年）、三木愛花著『相撲史伝』（pp.203-4、明治 34 年）、同著『江戸時代之角力』（pp.108-9、昭和 3 年）、大ノ里萬助著『相撲の話』（pp.14-5、昭和 5 年）、秀ノ山勝一（元笠置山）著『相撲』p.35、昭和 25 年）、彦山光三著『相撲読本』（p.79、昭和 27 年）などがある。

近代出掛けの柱に結い付け置く」

　天明期にもこの「しきたり」が適用されていたと想定しているが、錦絵ではそれは正しく適用されていない。いずれの柱にも同程度に弓具が括り付けられているからである。そのことは何を意味しているのだろうか。一つは、弓具を括り付ける柱は決まっていたが、錦絵にはそれが反映されていない。もう一つは、弓具を括り付ける柱は決まっておらず、どの柱でもよかった。本章では、弓具を括り付ける柱は決まっていたと考えている[16]。なぜなら、構図が酷似している錦絵を比較すると、見る方位によって弓具を括り付ける柱も異なっているからである。

(5)　弓具と幣帛を一緒に括り付けるようになったのは、文政 12 年春場所からである[17]。それまでは、弓具と幣帛は別々の柱に括り付けるのが普通だった。弓具と幣帛を一緒に括り付けてある錦絵は例外的である（たとえば、寛政 3 年 6 月の「谷風・小野川横綱土俵入りの図」）。弓具と幣帛を別々にする場合、括り付ける 2 本の柱に決まりがあったかもしれないが、本章ではそれを深く調べていない。いずれにしても、別々の柱に括り付けるのに意味があったのか、それを一つの柱に括り付けるようにしたことに意味があったのか、今のところ、不明である。本章では問題提起だけにとどめ、その解明は今後の課題としておきたい。

---

16)　弓具は「役柱」に括り付けると考えていたが、錦絵を見るかぎり、括り付けてある柱は一定していない。つまり、役柱の方位は柱の方位では見分けがつかない。弓具を役柱に括り付けるという考えは間違った思い込みなのだろうか。これも今後検討する必要がある。

17)　本章では紙幣、幣束、幣串、御幣であろうと、その種類を区別することなく、柱に括り付けてある幣を「幣帛」として表す。実際は、幣の種類によって何らかの区別があったかもしれない。土俵祭で使用される幣は 7 本が普通だが、幣の形状は違っていたかもしれない。それに、本場所では常に 7 本の幣が使用されたのか、八幡幣 1 本のときはなかったのか、何本かの幣と八幡幣を一緒に使用しなかったかなど、幣の使用に関しても問題意識はあったが、それを調べることはしなかった。

178

6.　中改の柱と方位

(1)　錦絵を調べると、たとえば、中改の人数の変化、弓具を括り付ける
柱、力士が土俵に上がる位置なども指摘できることがある。たとえば、
中改は天明期から文化 13 年 2 月までは 2 人、文化 14 年 1 月から弘
化 2 年 11 月までは 3 人、弘化 3 年 3 月以降は 4 人である。言うまで
もないが、錦絵では中改は常に描かれているわけではない。中改を描
くか否かは絵師の判断による。しかし、人数が決まってからは、土俵
場でその人数の中改が柱を背にして座っていたに違いない。

(2)　池田雅雄著『大相撲ものしり帖』（p.205）や金指基著『相撲大事典』
（p.251）によると、中改制度が寛政期にでき、2, 3 人になったと記
述してあるが、3 人を錦絵では確認できなかった[18]。土俵で四本柱を背
にして座っている年寄が「中改」だとすると、天明期から文化 13 年
頃までずっと 2 人である。寛政期に 3 人描かれた錦絵が将来見つか
るかもしれないが、それは単発的なものであろう。というのは、当時
の錦絵では寛政の初めから終わりまで中改は 2 人だけしか描かれてい
ないからである。

(3)　中改が 2 人だった頃、錦絵を見るかぎり、背にしている柱の方位は
定まっていない。巽柱は非常に少ないが、他の 3 本の柱はほとんど同
じ数である。3 人の場合は乾柱、艮柱、巽柱が多いが、坤柱も描かれ
ている。2 人の場合も 3 人の場合も、中改の方位が定まっていないの
はなぜなのだろうか。中改は重要な地位と権威があり、そのような人

---

18)　寛政期に中改に関する制度が導入されたことを示す文字資料を探したが、残念
ながら見つかっていない。寛政期の錦絵には 3 人座っている錦絵は見つかってい
ない。制度であれば、3 人座っている錦絵が継続的に現れるはずである。文化 13
年ごろに 2 人から 3 人に変更されたのではないだろうか。

物の座る柱の方位も定まっていたはずだが、錦絵ではその柱の方位が定まっていないのである。絵師が事実を正しく描いていないのか、もともと柱の方位は定まっていなかったのか、今のところ不明である。これは今後解明すべき課題の一つである。

7. 対戦力士の番付

(1) 力士の取組を描いた錦絵ではその力士の番付で東西を判別できることがある。昔は、左（西）を右（東）より優位に描く傾向があるからである。たとえば、南から錦絵を見た場合、西方力士と東方力士を比較し、優位の力士が西方に描かれていることがある。西が優位なので、そこに描かれている力士が番付では上位になる。土俵の東西が現在のようになったのは明治 42 年 6 月以降である[19]。

(2) 錦絵に西方と東方の番付が記されていることもある。それを参考にしながら、対戦する力士が左右のどちらに描かれているかを見極めるのである。番付の優劣に加え、周囲の情景を考慮すればよい。取組では行司がともに描かれているので、その行司や力士の顔の向きを考慮する。また、弓具や水桶が備え付けられている方位を参考にすることもある。

(3) 力士の取組を描いてある錦絵では土俵の一部だけが描かれていて、その周囲が何も描かれていないことがある。そういう場合は、土俵の東と西を判別するとき、番付が手掛かりとなることがある。それに加え、南と北のどちらから見ているかを判別するときは、力士の顔の向きが手掛かりとなることもある。

---

19) 番付と錦絵の関係については、香山磐根筆「相撲錦絵の吟味―四本柱の色の変遷」（『相撲趣味』第 89 号、昭和 60 年 8 月、pp.6-7）が詳しい。

8.　今後の課題

　本章では土俵の方位は『相撲家伝鈔』（正徳4年）から安政5年まです
でに定まっていたという主張をし、それを証明するために錦絵を六つの視
点から分析している。視点のすべてを満たさなくても、いくつかの視点の
適用から方位が定まっていたとしている。その主張が間違っているとすれ
ば、それぞれの視点の適用が間違っていたことになる。

　本章では、錦絵に描いている相撲は基本的に変化していないという前提
である。その前提が正しいかどうかは、今後検討しなければならない。視
点が定まっていても、分析の対象に何らかの変化があったならば、分析そ
のものが間違っているからである。分析の対象が変化していれば、分析は
その変化を反映しなければならない。しかし、本章ではそのような変化の
可能性を示唆しながらも、基本的には変化していないという立場である。

　たとえば、水桶や力紙を備える柱の方位は現在と同じだったのだろうか。
それとも何らかの変化があったのだろうか。本章ではそのような変化をま
ったく考慮せず、天明期から同じ配置だったという捉え方をしている。も
し変化があったなら、いつの時点で変化したのかを調べなければならない。
錦絵では、実際、水桶や力紙の配置は一つではない。絵師の判断で配置が
異なるのか、それとも実際に異なっていたのか、さらに検討してみる必要
がある。

　土俵の四本柱を背に座っている「中改」の人数は、2人から3人を経て
4人に変わっている。たとえば、2人だったとき、座る四本柱の方位は定
まっていたのだろうか。それともそうでなかったのだろうか。中改の制度
があった以上、座る柱の位置は定まっていたとみるのが自然である。しか
し、天明期から文化13年ごろの錦絵を見るかぎり、座る柱の位置は定ま
っていない。錦絵は真実を反映しているのだろうか、それともそうでない
のだろうか。真実はどうだったのか、今のところ、不明である。本章の分
析には何らかの見落としがあるかもしれない。それが何であるかを今後吟
味する必要がある。

本章の分析は一つの試みである。分析を提示しながら、解明すべき課題も提示している。本章の分析に問題があるかもしれない。複数の視点を考慮して分析しているが、その視点が揺るぎないものかどうかがはっきりしないからである。現段階では、この程度の分析しか提示できなかったというのが真実である。これまで赤色の四本柱と方位の関係に着目し、それを深く研究した論考がなかった。本章が初めてその関係を六つの視点で検討している。分析には最善を尽くしたが、解明したい課題があることも事実である。

　本章の分析が一つのきっかけとなり、さらに研究が進展することを期待している。

資料：錦絵と分析

　資料の錦絵はほとんどすべて公刊されている相撲の本に掲載されている。資料提示の仕方としては、便宜的に、3 分割してある。土俵上で柱を背に座っている年寄を「中改」と捉え、その人数に応じてそれぞれ年代順にリストアップした。天明期に「中改」という言葉があったかどうかはわからないが、親方の役割が同じであることから「中改」という用語をそのまま適用してある。

　なお、錦絵には四本柱に脇差を括り付けてあることが頻繁に見られるが、それは分析の対象から除外してある。土俵を構成する必須な用具とは捉えていないからである。

A. 中改が 2 人の錦絵

(1)　天明 2 年 2 月、「谷風と小野川の取組」、春好画、酒井著『日本相撲史（上）』(p.147)。
　　南から見た図。弓具・艮柱、幣帛・乾柱。水桶・艮柱付近。力紙は艮柱に結い付けられている。

(2)　天明 2 年 2 月、「江都大相撲浮絵之図」（小野川と谷風の取組）、春章画、『相撲百年の歴史』(p.51) ／「相撲」編集部編『大相撲人物大事典』(p.68)。
　　東から見た図。南に役桟敷あり。弓具・乾柱（手前左）、幣帛・坤柱。中改・1 人（乾柱）、艮柱にはいないが、坤柱と巽柱は不明。役桟敷を土俵の左側に描くのは非常に珍しい。そのため、屋根の平面が東西になっている。このような錦絵はめったにない。普通は、屋根の妻面が南北になっている。

(3)　天明 2 年 10 月、「谷風と小野川の立会いの図」、春章画、『相撲百

年の歴史』（p.61）／学研『大相撲』（口絵）。

　　南から見た図。弓具・坤柱。幣帛・不明。中改・不明。坤柱の近く
にいる人は呼出しで扇子を持っているし、巽柱の近くにいる人は力士
である。谷風が左に、小野川が右に描かれているが、これは番付を反
映している。左方が土俵の左に描かれている。行司も正面を向いてい
る。水桶と力紙が南の左端（坤柱）と右端（巽柱）近くに備えてある
が、これは本来なら北にあるはずだ。おそらく、絵の構図上、南に移
して描いたに違いない。すなわち、事実に反した絵が北である。堺市
博物館制作編『相撲の歴史』（p.35）では天明2年春場所としているが、
番付と照合すると10月場所が正しいようだ。ビックフォード著『相
撲と浮世絵の世界』（p.72）では天明2年11月としている。

(4)　天明3年3月、「宮城野と筆ノ海の立会い」、春章画、酒井著『日
　　本相撲史（上)』（p.160）。
　　　南から見た図。役桟敷は見えない。弓具・巽柱（手前右)、幣帛・坤柱。
中改・描かれていない。行司・無草履。

(5)　天明3年（月名は不明)、「東西幕内土俵入之図」、春章画、『どすこい』
　　（p.35）／『相撲百年の歴史』（p.60）／金指基著『相撲大事典』（p.62）。
　　　南から見た図。弓具・坤柱（手前左)、幣帛・艮柱。四本柱は紅白色。
中改・描かれていない。行司は本来なら北の二字口で背を向けている
はずだが、顔がはっきり描かれている。弓具が南の坤柱に描いてある
のは事実に反しているはずだ。『相撲百年の歴史』（p.60）では天明2
年10月となっている。

(6)　天明4年3月、「江都勧進大相撲浮絵之図」、春章画、『相撲百年の
　　歴史』（p.11）／ビックフォード著『相撲と浮世絵の世界』（p.80、図
　　23、25）。
　　　南から見た図。弓具・艮柱（向こう右)、幣帛・乾柱。中改・2人（坤
柱と乾柱〈両隣の柱〉)。行司・無草履。堺市博物館制作『相撲の歴史』

（p.36）では天明8年春場所としているが、行司が無草履であること
から天明7年以前の錦絵に違いない。この画題と酷似する画題の錦絵
はいくつかあるが、水桶は北の左右の柱付近にあり、力紙もその柱に
結い付けてある。

(7)　天明4年11月、「江都勧進大相撲浮絵之図」、春章画、ビックフォー
　　ド著『相撲と浮世絵の世界』（p.80、図24）。
　　　南から見た図。弓具・艮柱（向こう右）、幣帛・乾柱。中改・2人（坤
　　柱と艮柱〈対角の柱〉）。行司・無草履。弓具を結い付けてある柱も重
　　要なヒント。弓具は艮柱に結い付けてあることから、南から見ている
　　ことになる。

(8)　天明6年11月、「日本一江都大相撲土俵入後正面之図」（土俵入り）、
　　春章画、ビックフォード著『相撲と浮世絵の世界』（p.26）／『江戸
　　相撲錦絵』（p.7）。
　　　北から見た図。役桟敷あり。弓具・乾柱（手前右）、幣帛・艮柱。中改・
　　不明。乾柱と艮柱にはいないが、他の坤柱と巽柱は陰になっている。
　　北側に裃姿の行司が描かれている。他の酷似する図柄では南側から見
　　ているので、行司の姿は描かれていない。『江戸相撲錦絵』（p.7）で
　　は天明7年となっている。

(9)　天明8年4月、「幕内土俵入り」、春好画、『相撲百年の歴史』（p.10）。
　　　南から見た図。弓具・不明、幣帛・乾柱。四本柱は紅白色。中改・
　　描かれていない。行司の顔は南を向いている。南の巽柱に力紙がある
　　が、これは事実を正しく反映しているだろうか。そうではないはずだ。
　　本章では力紙は北の柱に備えるという立場である。

(10)　天明年間、「新版浮絵大相撲興行之図」、豊春画、『相撲浮世絵』（p.161）
　　／『相撲百年の歴史』（p.60）。
　　　北から見た図。役桟敷あり。弓具・巽柱（向こう左）、幣帛・坤柱。

四本柱は紅白柱。中改・2 人（艮柱と乾柱〈両隣の柱〉）。行司・無草履。水桶が艮柱（北）近くにある。その柱に力紙も結い付けてある。

(11) 寛政 2 年 11 月、「江都勧進大相撲浮絵之図」（谷風と小野川の取組）、春章画、ビックフォード著『相撲と浮世絵の世界』（p.89、図 36）。
　　南から見た図。弓具・艮柱（向こう右）、幣帛・乾柱。中改・2 人（坤柱と艮柱〈対角の柱〉）で、乾柱と巽柱には中改はいない。行司・草履。

(12) 寛政 2 年 11 月、谷風と小野川の立会い、春好画、ビックフォード著『相撲と浮世絵の世界』（p.91）。
　　南から見た図。役桟敷なし。弓具・艮柱（向こう右）、幣帛・乾柱。中改・描かれていない。両力士の仕切りで、行司は南を向いている。谷風は左（西）、小野川は右（東）に描かれている。

(13) 寛政 3 年 4 月、「谷風・小野川引分之図」、春英画、ビックフォード著『相撲と浮世絵の世界』（p.27）／学研『大相撲』（p.36）。
　　南から見た図。弓具・艮柱（向こう右）、幣帛・乾柱。中改・描かれていない。谷風は左に、小野川は右に描かれている。

(14) 寛政 3 年 6 月、「谷風・小野川横綱土俵入」、春英画、『図録「日本相撲史」総覧』（pp.26-7）／『相撲百年の歴史』（p.11）。
　　南から見た図。弓具・乾柱（向こう左）、幣帛も一緒。中改・描かれていない。『相撲百年の歴史』（p.11）と『図録「日本相撲史」総覧』（pp.26-7）では寛政元年 11 月としている。力士名は寛政 3 年 6 月の番付と一致する。弓具と幣帛が一緒に結い付けてあるが、当時として例外的である。別々に結い付けたり一緒に結い付けたりすることに何か理由があったのかどうかは不明である。

(15) 寛政 3 年 6 月、「上覧相撲の絵巻」、堺市博物館制作『相撲の歴史』（p.39）。

南から見た図。弓具や幣帛は描かれていない。水桶は坤柱と艮柱の
近くに置いてある。力紙は描かれていない。力士は対角線上の柱で口
ゆすぎしたに違いない。水桶は対角線上に置いてある。勧進相撲でも
水桶は対角線上に置いていただろうか。本章ではそうではないと推測
している。文政 6 年 4 月の上覧相撲の土俵を描いた絵図（相撲博物
館所蔵／土屋喜敬著『相撲』の口絵〈12〉）では水桶は北側の左右の
柱（乾柱と艮柱）に配置されている。参考までに、明治 17 年 3 月の
天覧相撲では北側の左右の柱に水桶は置かれている（松本平吉著『角
觝秘事解』の挿絵）。

(16) 寛政年間（3 年 6 月頃？）、「江都勧進大相撲浮絵之図」（雷電と陣
幕の取組か）、春好画、学研『大相撲』（p.37）。
　　南から見た図。弓具・艮柱（向こう右）、幣帛・乾柱。中改・2 人（乾
柱と艮柱〈両隣の柱〉）。坤柱にも座布団があるように見えるが、俵の
色が濃くなっているだけ。

(17) 寛政年間（3 年 6 月頃？）、「雷電と陣幕の取組」、春英画、『相撲浮
世絵』（p.54）。
　　南から見た図。弓具・艮柱、幣帛・乾柱。乾柱と艮柱だけが描かれ
ている。中改・描かれていない。

(18) 寛政 5 年、「勧進大相撲土俵入之図」、春英画、ビックフォード著『相
撲と浮世絵の世界』（p.96）／『どすこい』（p.33）。
　　北から見た図。役桟敷あり。弓具・乾柱（手前右）、幣帛・艮柱。中改・
2 人（乾柱と艮柱〈両隣の柱〉）で、巽柱と坤柱は不明。水桶は乾柱
と艮柱近くにある。その 2 本の柱に力紙も結い付けてある。

(19) 寛政 5 年 3 月頃、「土俵入り」、春英画、『相撲浮世絵』（pp.162-3）。
　　南から見た図、弓具・艮柱（向こう右）、幣帛・乾柱。中改・不明。
行司・描かれていない。

(20) 寛政 6 年 11 月、「怪童力士大童山文五郎の土俵入」、写楽画、『相撲百年の歴史』(p.12) ／ビックフォード著『相撲と浮世絵の世界』(p.29) ／学研『大相撲』（口絵）。

　　南から見た図。弓具・坤柱、幣帛・巽柱。中改・坤柱と巽柱〈両隣の柱〉。土俵入りでは正面（南）を向くのが普通。大童山は土俵入りをしているときのポーズである。土俵を下りるポーズではない。水桶と力紙が南の坤柱と巽柱に備えてあるが、これは構図上の工夫に違いない。本来は、北側の左右に備えてある。たとえば、寛政 5 年の錦絵「勧進大相撲土俵入之図」では北側に水桶は備えられている。谷風が西側に描かれていることを考慮すれば、大童山は南を向いているに違いない。

　　　　◉ 享和元年 8 月、「京都鴨川角觝図」、文鳳筆、学研『大相撲』の口絵／酒井著『日本相撲史（上）』(p.204)。この絵図は京都相撲を描いたものである。
　　　　　　北から見た図。役桟敷はない。行司は北に蹲踞し、南を向いている。水桶が乾柱と巽柱〈対角の柱〉の近くに備えてある[20]。力紙が乾柱に結い付けてある。勧進相撲で水桶と力紙が対角の柱に備えられていることから、参考までに提示してある。

(21) 享和元年、「相撲金剛伝」（土俵正面之図）、『どすこい』(p.34)。
　　南から見た図。弓具・艮柱(向こう右)。幣帛はいずれの柱にもある。四本柱は紅白柱。京都での勧進相撲。

---

20)　天明以前の享和 17 年頃、絵図「四角土俵相撲の図」（堺市博物館制作『相撲の歴史』の表紙図）でも水桶は坤柱と艮柱〈対角の柱〉に配置されている。この絵図は南部相撲を描いたものとよく指摘される。それが正しければ、かなり簡略化されたものである。これに関しては、拙著『大相撲の歴史に見る秘話とその検証』(2013) の第 9 章「謎の絵は南部図もではない」でも論じている。

(22) 文化元年冬、「雷電と柏戸の取組」、春英画、『相撲浮世絵』(p.71)。
　　　　北から見た図。役桟敷あり、弓具・巽柱（向こう左）、幣帛・坤柱。
　　　中改・1 人(坤柱)。柱は 2 本だけで、艮柱に中改がいるかどうかは不明。

(23) 文化 3 年 10 月、「雷電と柏戸の取組」、春英画、酒井著『日本相撲
　　　史（上）』(p.223)。
　　　　北から見た図。役桟敷あり。弓具・坤柱、幣帛・巽柱。中改・2 人（巽
　　　柱と乾柱〈対角の柱〉)。

　　　　◉ 文化 3 年 10 月以降、江戸相撲では水桶と力紙は北の左右の柱(乾
　　　　井柱と艮柱）に備えるようになっている。寛政 4 年から文化 10
　　　　年まで水桶と力紙の配置を確認できる錦絵がない。その期間中に
　　　　柱の方位が決まったかもしれない。寛政 4 年以前、水桶と力紙を
　　　　備える柱の配置は必ずしも定まっていない。しかし、享和元年の
　　　　京都相撲では水桶と力紙は対角の柱に備えられている。

(24) 文化 10 年（月名不明）、「幕内土俵入之図」、英山画、『江戸相撲錦絵』
　　　(pp.17-9)。
　　　　北から見た図。役桟敷あり。弓具・乾柱（手前右）、幣帛・艮柱。
　　　中改は 2 人(乾柱と艮柱〈両隣の柱〉)。他の 2 本には中改はいない（推
　　　定)。北の乾柱と艮柱に力紙がある。水桶は両柱近くに見えない。

(25) 文化 13 年 2 月、「白川と竜門の土俵入り」、英山画、池田著『日本
　　　相撲史（上）』(p.246)。
　　　　北から見た図。役桟敷あり。弓具・不明、幣帛・艮柱。中改・2 人（艮
　　　柱と乾柱〈両隣の柱〉)。坤柱と巽柱にはいない。

(26) 文化 13 年 2 月頃（推定)、「新版浮絵勧進大相撲之図」、英泉画、『江
　　　戸相撲錦絵』(p.20)。

北から見た図。役桟敷あり。弓具・乾柱（手前右）、幣帛・不明。中改・2人（乾柱と艮柱）で、坤柱にはいないが、巽柱にはいないはずだ（推定）。北の乾柱の近くに水桶がある。力紙も乾柱と艮柱に結い付けてある。ビックフォード著『相撲と浮世絵の世界』（p.112）では文政9年となっている。行司がその風貌から8代庄之助である。文化年間か文政9年より早い年月に描かれたかもしれない。

B. 中改が3人の錦絵

◉ 文化14年1月以降、中改が3人となる。

(1) 文化14年1月、「勧進大相撲興行図」、春英画、ビックフォード著『相撲と浮世絵の世界』（p.32）／酒井著『日本相撲史（上）』（p.241）。
　　北から見た図。役桟敷あり。弓具・巽柱（向こう左）、幣帛・坤柱。中改3人（乾柱と艮柱と巽柱）で、坤柱は不明。北の艮柱には力紙が結い付けてある。

(2) 文化14年1月場所、「勧進大相撲興業図」（幕内土俵入り）、春英画、『相撲浮世絵』（pp.21-3）。
　　北から見た図。役桟敷あり。弓具・巽柱（向こう左）、幣帛・坤柱。中改・3人（乾柱、艮柱、巽柱）で、坤柱は不明。北の艮柱に力紙がある。

(3) 文化16年、立神と玉垣の取組、柳谷筆、ビックフォード著『相撲と浮世絵の世界』（p.109）／『江戸相撲錦絵』（pp.14-6）。
　　北から見た図。役桟敷あり。弓具・乾柱（手前右）、幣帛・艮柱。中改・2人（艮柱と乾柱〈両隣の柱〉）で、坤柱にはいないが、巽柱は不明。北の乾柱と艮柱近くに水桶があり、その2本の柱には力紙もある。『江戸相撲錦絵』では文化13年2月となっている。

(4) 文政2年頃、「勧進大相撲興行図」（土俵入り）、春英筆、学研『大相撲』

(pp.52-3)。

　　北から見た図。役桟敷あり。弓具・巽柱（向こう左）、幣帛・坤柱。
中改・3 人で、坤柱は不明。

(5)　文政 6 年 10 月、「小柳と四賀峯の取組」、春亭画、『江戸相撲錦絵』
　　（pp.29-31）／ビックフォード著『相撲と浮世絵の世界』（p.112、69 図）。
　　　南から見た図。弓具・乾柱（向こう左）、幣帛・艮柱。中改・描か
れていない。北の乾柱近くに水桶がある。

(6)　文政 8、9 年、「源氏山と四賀峯の取組」、英泉補画、学研『大相撲』
　　（pp.52-3）。
　　　北から見た図。役桟敷あり。弓具・乾柱(手前右)、幣帛・艮柱。中改・
2 人（艮柱と乾柱〈両隣の柱〉）で、艮柱は不明。水桶が北の乾柱と
艮柱近くにある。力紙もその 2 本の柱に結い付けてある。

　　　◉ 文政 12 年春場所以降、出掛けが艮柱と坤柱になったかもしれな
　　　　い。実際は、艮柱が圧倒的である。さらに、弓具と幣帛をともに
　　　　括るようになったのもこれ以降である。別々に描いてある錦絵は
　　　　まれである。

(7)　文政 12 年春場所、「勧進大相撲興行之全図」、国貞画、『相撲浮世絵』
　　（pp.162-3）／酒井著『日本相撲史（上）』（p.283）。
　　　南から見た図。弓具・艮柱（向こう右）、幣帛も一緒。中改・2 人（坤
柱と巽柱）で、他の 2 柱は不明。

(8)　文政 13 年 11 月、「稲妻と阿武松の取組」、国貞画、『相撲百年の歴史』
　　（p.14）。
　　　南から見た図、弓具・艮柱（向こう右）、幣帛も一緒。中改・描か
れていない。渦ケ州は蜜ケ関から改名していることから、文政 13 年
11 月の錦絵である。

◉ 天保 4 年（1833）、回向院定場所となる。天保年間には土俵の四本柱を描いてある錦絵は少ない。本場所が固定しているので、土俵の方位にも変更はなかったはずだ。

(9) 天保 10 年 11 月、「勧進大相撲の図」（不知火と平岩の取組）、国貞画、『江戸相撲錦絵』（p.74）。

南から見た図、弓具・艮柱（向こう右）、幣帛も一緒。中改・描かれていない。

(10) 天保 14 年 10 月、「勧進大相撲取組之図」（不知火と剣山の取組）、国貞画、『江戸相撲錦絵』（p.97）。

南から見た図、弓具・艮柱（向こう右）、幣帛も一緒。中改・1 人（艮柱）。中改の数は不明。土俵が一部（乾柱と艮柱）しか描かれていない。北の艮柱に力紙が結い付けてある。

(11) 天保 14 年 10 月、「勧進大相撲顔触れ之図」、国貞画、『江戸相撲錦絵』（p.97）。

南から見た図、弓具・艮柱（向こう右）、幣帛も一緒。中改・1 人。中改の数は不明。土俵が一部（乾柱と艮柱）しか描かれていない。北の乾柱に力紙が結い付けてある。

(12) 弘化 2 年 11 月、「勧進大相撲土俵入之図」、豊国画、ビックフォード著『相撲と浮世絵の世界』（p.48）／『江戸相撲錦絵』（pp.142-3）。

北から見た図。役桟敷あり。弓具・艮柱（手前左）、幣帛も同じ柱。中改・3 人（乾柱と艮柱と巽柱）。巽柱には座布団の一部が描かれている。中改がいたことが推測できる。坤柱に中改がいたかどうかは不明。したがって、中改が 4 人いたかどうかは不明。北の艮柱に力紙がある。

◉ ここまでが中改 3 人を確認できた。

C. 中改が 4 人の錦絵

◉ 弘化 3 年 3 月以降、中改は 4 人に変わっている。本当にこの年、変わったのか、それを文書資料でも確認したかったが、そういう資料を見つけられなかった。

(1)　弘化 3 年 3 月、「勧進大相撲興行之図」（秀ノ山と小柳の取組み）、豊国筆、『大江戸大東京資料目録〈附・大相撲資料〉－浅草御蔵前書房古書目録第 2 号』（p.41、昭和 56 年〈1981〉7 月、浅草御蔵前書房発行）／国会図書館デジタル化資料の古典籍資料 1（貴重書等）。

　　北から見た図、弓具・艮柱（手前左）、中改・4 人。錦絵では「秀の山」と記載されている。

(2)　嘉永元年 11 月場所、「勧進大相撲土俵入之図」、豊国画、『相撲百年の歴史』（pp.16-7）。

　　北から見た図。役桟敷あり。弓具・艮柱（手前左）、幣帛も一緒。中改・3 人（1 人は座布団から推測）。異柱の中改は不明だが、力士の背後にもう 1 人いたはず。力紙は艮柱と乾柱に結い付けられている。なお、同年月、同絵師、同画題の錦絵があり（埼玉県立博物館編『特別展図録「相撲」』〈p.5〉）、それには東西の力士名が記されている。力士の並び方や水引幕の模様や画題表示の位置なども異なることから、二つは異なる錦絵である。

(3)　嘉永 2 年 2 月、「勧進大相撲取組図」、豊國画、ビックフォード著『相撲と浮世絵の世界』（p.137）。

　　北から見た図。役桟敷あり。弓具・艮柱（弓は見えないが、扇子から推測）。中改・4 人。

(4)　嘉永2年2月、「勧進大角力取組図」（小柳と常山の取組）、芳虎画、『江戸相撲錦絵』（p.76）。
　　北から見た図。役桟敷あり。弓具・艮柱（手前左、推定）、幣帛も一緒。中改・4人。

(5)　嘉永2年／3年、「東都両国回向院境内相撲の図」、廣重画、ビックフォード著『相撲と浮世絵の世界』（p138）／『図録「日本相撲史」総覧』（pp.22-3）。
　　北から見た図。役桟敷は見えない。弓具・艮柱（手前左）、幣帛・乾柱。中改・4人。弓具と幣帛が別々の柱に飾ってあり、当時としては珍しいケースである。水桶が北の艮柱と乾柱にある。『江戸相撲錦絵』（p.116）では弘化年間となっている。弘化4年末から嘉永5年の間で、確かな年月は不明。

(6)　嘉永2年11月、「勧進大相撲興行之全図」（土俵入り）、国芳画、『江戸相撲錦絵』（pp110-2）。
　　南から見た図。弓具・艮柱（向こう右）、幣帛も一緒。中改・3人で、艮柱は不明。

(7)　嘉永3年3月、「勧進大相撲土俵入之図」、国芳画、『相撲浮世絵』（p.58-9）。
　　南から見た図、弓具・不明、幣帛も不明。中改・3人で、乾柱は不明。

(8)　嘉永3年3月、「勧進大相撲取組之図」（鏡岩と小柳の取組）、芳虎画、『江戸相撲錦絵』（pp.98-9）。
　　北から見た図。役桟敷あり。弓具・艮柱（手前左）、幣帛も一緒。中改・4人。北の乾柱近くに水桶がある。乾柱と艮柱には力紙もある。

(9)　嘉永4年2月、「大相撲土俵入之図」（鏡岩と小柳の取組）、芳宗画、『図録「日本相撲史」総覧』（pp.30-1）／『江戸相撲錦絵』（p.77）。

　　北から見た図、弓具・艮柱（手前左）、幣帛も同じ柱。中改・4 人。
北の乾柱近くに水桶がある。その乾柱と艮柱には力紙がある。

(10)　嘉永 6 年 11 月、「勧進大相撲之図」、豊国画、『江戸相撲錦絵』
　　　（pp.144-5）。
　　　　南から見た図。弓具・艮柱（幣帛の一部から推測）。中改・4 人（1
　　　人は座布団のから推測）。土俵の半分しか描かれていない。4 本の柱
　　　はあるがが、2 本は一部しか描かれていない。

(11)　嘉永年間、「両国大相撲繁栄之図」、国郷画、『相撲浮世絵』（pp.7-9）
　　　／ビックフォード著『相撲と浮世絵の世界』（pp.50-1）。
　　　　南から見た図。弓具・不明。幣帛・不明。乾。中改・4 人。

(12)　安政 2 年 2 月、「勧進大相撲之図」、芳員画、学研『大相撲』（pp.122-3）。
　　　　北から見た図。役桟敷あり。弓具・不明、幣帛・艮柱にあるのみ。
　　　弓具も艮柱かもしれない（推定）。中改・4 人。

(13)　安政 3 年 11 月、「勧進大相撲取組之図」（雲龍と黒岩の取組）、国貞画、
　　　『相撲浮世絵』（pp.45-7）／金指基著『相撲大事典』（p.252）。
　　　　北から見た図。役桟敷あり。弓具・艮柱（手前左）、幣帛も同じ柱、
　　　中改・4 人。北の艮柱に力紙が結い付けてある。

(14)　安政 4 年冬場所、「境川と雲龍の取組」、芳盛画、『江戸相撲錦絵』
　　　（p.62）。
　　　　北から見た図。役桟敷あり、弓具・坤柱（向こう右）、幣帛も一緒。
　　　中改・4 人。柱は 2 本（坤柱と巽柱）のみ描かれている。

　　　◉ 安政 5 年 1 月場所以降、四本柱は基本的に四色である。ときど
　　　　き紅白柱も見られる。拙著『大相撲行司の松翁と四本柱の四色』
　　　　（2020）の第 6 章「四本柱の色と相撲の種類」では明治 24 年あ

たりから明治42年6月までの四本柱について述べてあるが、安政5年から明治24年までの四本柱については体系的な研究をしていない。

参考文献

　雑誌や新聞等は本文の中で詳しく記してあるので、ここでは省略する。

荒木精之、『相撲道と吉田司家』、相撲司会、1959（昭和34年）。

池田雅雄（編）、『写真図説相撲百年の歴史』、講談社、1970（昭和45年）。

池田雅雄、『大相撲ものしり帖』、ベースボール・マガジン社、1990（平成2年）。

岩手県立博物館(制作)、『四角い土俵とチカラビト』、岩手県立博物館、2006（平成18年）。

岩井左右馬、『相撲伝秘書』、1776（安永5年）。

岩井播磨掾久次・他(伝)、『相撲行司絵巻』、1631（寛永8年）。（天理大学善本叢書の一つ）。

内館牧子、『女はなぜ土俵にあがれないのか』、幻冬舎、2006（平成18年）。

内館牧子、『大相撲の不思議』、潮出版、2018（平成30年）。

『江戸相撲錦絵』（『VANVAN相撲界』新春号）、ベースボール・マガジン社、1986（昭和61年1月）。

大西秀胤（編）、『相撲沿革史』、編集発行・松田貞吉、1895（明治28年）。

尾形昌夫、『二十八代木村庄之助の行司人生』、（株）荘内日報社、2011（平成23年）。

岡敬孝（編著）、『古今相撲大要』、報行社、1885（明治18年）。

大ノ里萬助、『相撲の話』、誠文堂、1930（昭和5年）。

尾崎清風（編著）、『角力読本国技』、発行所・大日本角道振興会本部、1941（昭和16年）。

笠置山勝一、『相撲範典』、博文館内野球界、1942（昭和17年）。

金指基、『相撲大事典』、現代書館、2002（平成14年）。

上島永二郎（編）、『相撲叢談四本柱』、至誠堂、1900（明治33年）。

金指基、『相撲大事典』、現代書館、2002（平成14年）。

木村喜平次、『相撲家伝鈔』、1714（正徳4年）。

木村庄之助（20代、松翁）、『国技勧進相撲』、言霊書房、1942（昭和17年）。

木村庄之助（22代）・前原太郎（呼出し）、『行司と呼出し』、ベースボール・マガジン社、1957（昭和32年）。

木村庄之助（27代）、『ハッケヨイ残った』、東京新聞出版局、1994（平成6年）。

木村庄之助（29代、桜井春芳）、『一以貫之』、高知新聞、2002（平成14年）

木村庄之助（33代）、『力士の世界』、文芸春秋、2007（平成19年）。

木村清九郎（編）、『今古実録相撲大全』、1885（明治18年）。

木村政勝、『古今相撲大全』、1763（宝暦13年）。

好華山人、『大相撲評判記』、大阪・川内屋長兵衛、1836（天保7年）。

『国技相撲のすべて』(別冊『相撲』秋季号)、ベースボール・マガジン社、1996（平成8年）。

埼玉県立博物館編『特別展図録「相撲」』、埼玉県立博物館、1994（平成6年）。

堺市博物館（制作）、『相撲の歴史—堺・相撲展記念図録』、堺・相撲展実行委員会、1998（平

成 10 年）3 月。

酒井忠正、『日本相撲史』（上・中）、ベースボール・マガジン社、1956（昭和 31 年）
／ 1964（昭和 39 年）。

塩入太輔（編）、『相撲秘鑑』、厳々堂、1886（明治 19 年）。

式守伊之助（19 代、高橋金太郎）、『軍配六十年』、1961（昭和 36 年）。

式守伊之助（26 代、茶原宗一）、『情けの街の触れ太鼓』、二見書房、1993 年。

式守蝸牛、『相撲穏雲解』、1793（寛政 5 年）。

式守幸太夫、『相撲金剛伝』（別名『本朝角力之起原』）、1853（嘉永 6 年）。

杉浦善三、『相撲鑑』、昇進堂、1911（明治 44 年）。

『相撲浮世絵』（別冊相撲夏季号）、ベースボール・マガジン社、1981（昭和 56 年）6 月。

『相撲極伝之書』（南部相撲資料の一つ。他に『相撲故実伝記』、『相撲答問詳解抄』など
もある）。

『すもう今昔』、茨城県立歴史館、2007 年 2 月（平成 19 年）。

『相撲』編集部、『大相撲人物大事典』、ベースボール・マガジン社、2001（平成 13 年）。

『図録「日本相撲史」総覧』（別冊歴史読本）、新人物往来社、1992（平成 4 年）。

相馬基・伊藤啓二、『相撲入門』、川津書店、1950（昭和 25 年）。

竹森章、『京都・滋賀の相撲』、発行者・竹森章、1996（平成 8 年）。

立川焉馬（撰）、『角觝詳説活金剛伝』（写本）、1828（文政 11 年）。

立川焉馬（序文）・歌川国貞画、『相撲櫓太鼓』、1844（天保 15 年）。

立川焉馬（作）、『当世相撲金剛伝』、1844（天保 15 年）。

土屋喜敬、『相撲』、法政大学出版局、2017 年（平成 29 年）。

『どすこい—出雲と相撲』、島根県立古代出雲歴史博物館、2009（平成 21 年）。

戸谷太一（編）、『大相撲』、学習研究社、1977（昭和 52 年）。（本書では「学研（発行）」
として表す）

中村倭夫、『信濃力士伝』（昭和前篇）、甲陽書房、1988（昭和 63 年）。

成島峰雄、『すまゐご覧の記』、1791（寛政 3 年）。

南部相撲資料（『相撲極伝之書』、『相撲故実伝記』、『相撲答問詳解抄』など。他に相撲
の古文書が数点ある）。

日本相撲協会制作、『相撲の伝統と美：「行司・呼出し」と「土俵祭」』（ビデオ）、1994（平
成 6 年）。

根間弘海、『ここまで知って大相撲通』、グラフ社、1998（平成 10 年）。

根間弘海著・岩淵デボラ訳、『Q ＆ A 型式で相撲を知る昭和 SUMO キークエスチョン
258』、洋販出版、1998（平成 10 年）。

根間弘海、『大相撲と歩んだ行司人生 51 年』、33 代木村庄之助と共著、英宝社、2006（平
成 18 年）。

根間弘海、『大相撲行司の伝統と変化』、専修大学出版局、2010（平成 22 年）。

根間弘海、『大相撲行司の世界』、吉川弘文館、2011（平成 23 年）。

根間弘海、『大相撲行司の軍配房と土俵』、専修大学出版局、2012（平成 23）。

根間弘海、『大相撲の歴史に見る秘話とその検証』、専修大学出版局、2013（平成 25 年）。

根間弘海、『大相撲行司の房色と賞罰』、専修大学出版局、2016（平成 28 年）。

根間弘海、『大相撲行司の軍配と空位』、専修大学出版局、2017（平成 29 年）。

根間弘海、『大相撲立行司の名跡と総紫房』、2018（平成 30 年）。

根間弘海、『詳しくなる大相撲』、専修大学出版局、2020（令和 2 年）。

根間弘海、『大相撲行司の松翁と四本柱の四色』、専修大学出版局、2020（令和 2 年）。

半渓散史（別名・岡本敬之助→純）、『相撲宝鑑』、魁真書桜、1894（明治 27 年）。

肥後相撲協会（編）、『本朝相撲之吉田司家』、1913（大正 2 年）。

彦山光三、『土俵場規範』、生活社、1938（昭和 13 年）。

彦山光三、『相撲鑑賞読本』、生活社、1938（昭和 13 年）。

彦山光三、『相撲読本』、河出書房、1952（昭和 27 年）。

彦山光三、『相撲道綜鑑』、日本図書センター、1977（昭和 52 年）。

常陸山谷右衛門、『相撲大鑑』、常陸山会、1914（大正 3 年）。

ビックフォード、ローレンス、『相撲と浮世絵の世界』、講談社インターナショナル、1994（平成 6 年）。英語の書名は *Sumo and the Woodblock Print Master*（*by Lawrence Bickford*）である。

秀ノ山勝一著『相撲』、旺文社、1961（昭和 36 年）（昭和 25 年の改定版）

平井直房、「土俵祭」『悠久（特集「神の相撲」）』第 78 号、鶴岡八幡宮悠久事務局、おうふう、1999 年（平成 11 年）9 月。

藤島秀光、『力士時代の思い出』、国民体力協会、1941（昭和 16 年）。

藤島秀光、『近代力士生活物語』、国民体力協会、1941（昭和 16 年）。

古河三樹、『江戸時代の大相撲』、国民体育大会、1942（昭和 17 年）。

古河三樹、『江戸時代大相撲』、雄山閣、1968（昭和 43 年）。

枡岡智・花坂吉兵衛、『相撲講本』（復刻版）、誠信出版社、1978（昭和 53 年）／オリジナル版は 1935（昭和 10 年）。

増田秀光（編）、『神道の本』、学習研究所発行、1992（平成 4 年）。

松木平吉（編）、『角觝秘事解』、松壽堂、1884（明治 17 年）。

松木平吉（編）、『角觝金剛伝』、大黒屋、1885（明治 18）。

三木愛花、『相撲史伝』、発行人・伊藤忠治、発売元・曙光社、1901（明治 34 年）／『増補訂正日本角力史』、吉川弘文館、1909（明治 42 年）。

三木愛花、『江戸時代之角力』、近世日本文化史研究会、1928（昭和 3 年）。

三木貞一・山田伊之助（編）、『相撲大観』、博文館、1902（明治 35 年）。

山口県立萩美術館・浦上記念館（編）、『相撲絵展』、1998（平成 10 年）。

山田伊之助（編）、『相撲大全』、服部書店、1901（明治 34 年）。

『悠久（特集「神の相撲」）』第78号、鶴岡八幡宮悠久事務局、おうふう、1999年（平成11年）9月号。

吉田追風（編）、『ちから草』、吉田司家、1967（昭和42年）。

吉田長孝、『原点に還れ』、熊本出版文化会館、2010（平成22年）。

吉野裕子、『陰陽五行と日本の民俗』、人文書院、1983（昭和58年）。

吉村楯二（編）、『相撲全書』、不朽社、1899（明治32年）。

あとがき

　行司に関連するテーマをこれまで調べ、拙稿や拙著を公表してきたが、まだわからないこともあれば、気になっているものもある。それをいくつか示しておきたい。

(1)　軍配の青白房はいつから使われ出しただろうか。行司階級は力士と対応関係にあるので、十両力士の制度が設けられたころだと推測しているが、実際はどうだろうか。また、幕下以下行司の房の色に関しても階級によって青色と黒色の区別があったのだろうか。これに関しては、私は二つの論考を発表した。一つは拙著『大相撲行司の伝統と変化』(2010) の第 5 章「幕下格以下行司の階級色」であり、もう一つは『大相撲行司の房色と賞罰』(2016) の第 4 章「行司の黒房と青房」である。

　　最終的には、階級に区別なく、黒色または青色を自由に使用できたとしている。それを補強する記事が新たに一つ見つかったので記しておく。『大相撲春場所読物号』(昭和 19 年 1 月号、日本体育週報社)の「行司道　よもやま話」(式守伊之助と木村善太郎の対談記事、pp.16-8) である。その中に「豆行司即ち取的連中の行司は黒糸格式といって黒ぶさの軍配で素足です」(p.16) とある。

　　概して、行司は「黒」または「青」であると語っているのに対し、そうでない人たちは「青」と「黒」という二分法にしたがって使用しているという。私は行司たちの語っているのが真実だと二つ目の論考で結論づけている。そうでない人たちは事実を直視せず、受け売り的に「願望」を書いている印象を受ける。著名な相撲評論家が書いた記事を実際に確認せず、そのまま採用し、それを次の人もまたそのまま採用するという連鎖である。行司が語っている文献ではほとんど「黒」か「青」から選択し、そうでない人たちが語っている文献では階級によって「青」と「黒」を使い分けている。「青」が使われる以前はも

ちろん、「黒」だったが、「青」が現れてからもその「黒」は依然として使われている。

「青」と「黒」の二分法は明治43年の行司装束改正を報じている一つの新聞記事（明治44年6月10日の『時事新報』）にあるが、それが事実を述べているかどうかは吟味する必要がある。その二分法が実際にあったとしたら、いつから現在のように「青」か「黒」の中から自由に選択するようになったかも調べなければならない。私自身は二つ目の論考で解決したつもりでいるが、その指摘に誤りはないだろうか。

(2)　軍配の黒色はいつから使われ出しただろうか。黒色は最下級の色としてみなされる傾向があることから、勧進相撲が始まった頃、すでに存在していたはずだと推測していたが、それは間違った思い込みかもしれない。昔の絵図などを見ると、行司の軍配房は赤色が普通であり、「黒色」は見当たらない。行司の房色は赤色が基本で、他の色はのちに現れたかもしれない。もしかすると、紅白房が使われ出した頃、黒房も使われ出したかもしれない。それが正しい見方だとすると、文政11年頃かもしれない。実際はどうだろうか。

(3)　明治43年以前の「紫房」は厳密には「准紫」だった。白糸が1本ないし3本混じっていたからである。白糸はわずか数本だったが、吉田司家はなぜ白糸を混ぜたのだろうか。本家の吉田司家と区別するために、白糸を混ぜたのだろうか。それとも行司の身分では「総紫」を使用できないという制約のようなものがあったのだろうか。吉田司家は上覧相撲の写本でも紫房を使用しているが、その紫は本当に「総紫」だったのだろうか。そうだとすれば、本家の総紫と区別するために「准紫」を授与したのだろうか。

相撲の世界では明治後期まで「総紫房」と「准紫房」をともに「紫」として呼ぶことが一般的だった。吉田司家の「紫房」も、実際は「准紫」だったのだろうか。実際はどうだったのか、検討してみる必要がある

かもしれない。いずれにしても、なぜ吉田司家は木村庄之助に「総紫房」ではなく、「准紫房」を授与したのだろうか。最初から「総紫房」をなぜ授与できなかったのだろうか。そのことに疑問を呈していない文献を見たことがないが、私が見ていないだけなのだろうか。

(4)　明治末期まで紫房は階級色ではなかった。つまり、立行司になっても、自動的に紫房にならなかった。一種の名誉色だったのである。しかも、紫房の授与は不定期である。行司が紫房を許されたとき、吉田司家に何らかの金銭を支払っていたのだろうか。それとも吉田司家はただで房使用の免許を授与していたのだろうか。金銭をめぐる話は避ける傾向があるが、物好きがそれを調べて、そのことに言及しているかもしれない。しかし、私はそのような記述を見たことがない。

　ちなみに、大名抱えの力士があった江戸時代は、大名が横綱昇進のために莫大な金額を支払ったという記述を見た記憶がある。しかし、その具体的な金額は記されていなかったはずだ。行司の紫房使用も同様に、いくらかの金額を吉田司家に支払っていただろうか。不定期に紫房が許されていることから、なんとなく金銭が支払われていたかもしれないと推測している。実際はどうだったのだろうか。

(5)　明治時代は朱房や紅白房でも不定期に授与されている。そのことは当時の新聞でたくさん見ることができる。そのような使用許可を受けるには、紫房と同様に、吉田司家に何らかの金額を支払っていたのだろうか。行司が房色を申請している順序は上から順に間違いないが、房色を授与される時期はまったく予想がつかない。昔は、行司本人が使用許可を吉田司家に申請している。その際、金銭の支払いが生じていたかもしれない。実際はどうだろうか。

(6)　立行司は誤審をしたとき、進退伺いを理事長に口頭で申し出る。これは普通、「その儀に及ばず」として処理されるが、ときには何日間かの出場停止処分を言い渡されることがある。立行司は行司の最高位

であり、それに伴う職責も大きいが、立行司だけが進退伺いを申し出るという「しきたり」には何か問題があるような気がしてならない。しかし、以前は立行司が強硬に意見を主張し、審判委員と土俵上で大いにもめたことがあり、それが原因で一週間ほどの出場禁止処分を受けている。また、重い謹慎処分を受けたことを恥と受け止め、辞職した立行司もいる。

　誤審による処分には「一定の基準」があるのだろうか。つまり、どの程度の誤審なら、それに対応する罰則はこのくらいであるということを記した内規はあるだろうか。また、この処分は憲法の人権尊重や労働者の権利尊重などの観点から、まったく問題ないものだろうか。立行司の自伝や雑誌記事でも立行司は誤審の処罰を当然のことのように受け止めている節がある。私はそれが不思議でならない。この進退伺いを申し出るという「しきたり」は、やはり美化すべき伝統として残すべきものなのだろうか。

(7)　四本柱（現在の四房）の色は四色である。そうなったのは安政5年である。それ以前は赤か紅白だった。四色は突然、安政5年に出現したのだろうか。実は、そうではない。寛永8年の文献ではすでに四色が現れていたし、『相撲家伝鈔』（正徳4年）以降の文献でも故実として四色だったことが書かれている。四色は南部相撲に受け継がれ、大正時代まで使用されていた、しかし、江戸相撲や大阪相撲（京都相撲を含む）では四色は常に使われていたわけでない。なぜだろうか。

　四本柱が導入された頃、赤と紅白のうち、最初にどの色が使用されたかは必ずしもはっきりしていないが、ある時点で二つの流れがあったことは推測できる。つまり、一つは神道系の赤か紅白であり、もう一つは易思想に基づく四色である。四色を使用した行司の家はかぎられていたようだ。それを受け継いだのが南部相撲である。他の行司の家は以前からあった伝統的な赤か紅白を受け継いだ。安政5年までもその色だった。享保時代でも赤か紅白が使われていたことは文献でも確認できるし、安政5年までの錦絵でも確認できる。

　明治時代の天覧相撲では赤か紅白（どちらかというと紅白）が使用されている。この紅白は突然、使われたわけではなく、以前から伝統的に使われていた色である。大阪相撲でも明治時代までの錦絵を見るかぎり、赤か紅白がよく使われている。このことは四本柱の色にはもともと神道系の赤か紅白があり、他方では易思想に基づく四色があったことを示唆している。寛永8年頃には一部の行司の家では四色が使用されていた。四色を導入した行司の家に吉田司家は含まれてなかったようだ。なぜなら長いあいだ江戸相撲で四色を導入していなかったからである。なぜ吉田司家が安政5年まで江戸相撲に四色を導入しなかったのかははっきりしない。ところが、上覧相撲ではときどき四色を導入している（たとえば、文政6年4月や天保14年9月）。すべての上覧相撲に四色を導入したわけではない（たとえば、寛政3年6月や同6年3月では紫と紅）。

　要するに、四本柱の色の使用にはもともと二つの流れがあり、一つは神道系の赤か紅白、もう一つは易思想の四色である。江戸相撲が安政5年まで赤か紅白を使用し、大阪相撲や天覧相撲で安政5年以降もやはり赤か紅白を使用したのは、伝統的な神道系の色をたまたま受け継いだだけのことではないだろうか。また、江戸相撲で安政5年以降、四色を使用するようになったのは故実を取り入れたからではないだろうか。これは単なる推測に過ぎないが、その妥当性を検討してみてもよいのではないだろうか。

　同時に、吉田司家は勧進相撲の四本柱の色について故実を保有していなかったかもしれない。保有していたとすれば、いつ頃その故実を導入したのであろうか。というのは、吉田司家は寛政期の上覧相撲で四本柱の色を紫と紅（たぶん朱）にしているが、その二色を他の上覧相撲でも使用していたわけではない。なぜだろうか。四本柱の色の使用に関しては、その故実は『相撲家伝鈔』などで見ることはできても、それがいつ頃から導入されたのかに関しては不明である。相撲によって四色だったり、赤や紅白だったりするが、それがどういう理由からなのかもはっきりしない。天明期には本場所でも赤だったり紅白だっ

たりしている。

　明治の天覧相撲では赤か紅白がよく使われている。それがなぜなのかもはっきりしない。江戸相撲で四色だったにもかかわらず、大阪相撲では依然として赤か紅白が頻繁に使用されている。なぜだろうか。勧進相撲と天覧相撲の色の違いを私は「相撲の種類」によるものとして分類したことがあるが、それは必ずしも妥当な解釈ではない。むしろ、神道系の色に基づくか、易思想を反映した色に基づくかであるようだ。どれを採用するかは主宰者の判断である。つまり、二つの色がもともとあり、江戸相撲は安政5年以降四色を選択し、大阪相撲や天覧相撲は赤か紅白を選択し結果ではないだろうか。

　どの色を選択するかは、主宰者の宗教的信念によるかもしれないが、なぜその色になったかはわからない。選択する基準は神道系か、易思想系かだったのではないだろうか。勧進相撲では、その分岐点が安政5年である。このような視点から四本柱の色の相違を検討してみる必要があるかもしれない。そういう視点の置き方はどうだろうか。

(8)　軍配の握り方に木村流と式守流があることはよく知られている。それについて私は調べて発表したこともある。拙著『大相撲行司の伝統と変化』(2010) の第1章「軍配の握り方を巡って」の中で、握り方の違いは明治後期にはあったのではないかと指摘している。実は、その後、握り方の起源について言及している文献を見ていない。そのような指摘が妥当かどうかを検討している論考も見ていない。

　握り方に二つの流れがあり、現在に至っていることは、ときどき、文献でも指摘されている。たとえば、その一つに、36代木村庄之助著『大相撲　行司さんのちょっといい話』(2014) の「木村庄之助と式守伊之助」(pp.108-112) がある。昭和30年代に24代木村庄之助が木村流と式守流をきっちり分けたという。それが正しいのかどうかははっきりしない。というのは、19代式守伊之助がすでに二通りあることを認めているからである。それに対し、22代木村庄之助は異論を唱えている。そのような混乱を収め、明確に二流あることを認め

たのが 24 代木村庄之助かもしれない。しかし、その後もその分け方に異論を唱えている行司はいた。たとえば、28 代木村庄之助である。

29 代木村庄之助は二通りの握り方を再認識し、それを推し進めた行司である。それでも、30 代木村庄之助は公然と異論を唱えている。そのように、二通りの握り方に関しては紆余曲折があったことは確かだ。現在は、どちらかと言えば、二通りを認めていると言っても間違いではない。

興味深いことに、36 代木村庄之助は『大相撲　行司さんのちょっといい話』(2014) の中で「これまで軍配の握り方について、行司会で話し合うことはありませんでした」(p.112) と書いている。実は、29 代木村庄之助も同様なことを語っていた。握り方に関して行司会として公式に決めたことはないそうだ。それにもかかわらず、軍配の握り方が現在のように二つの流儀があるのは、入門者に行司監督が「姓」によって握り方を教えているからである。入門者は教えられた握り方を自然に習得し、それが当たり前だと受け入れる。結果として、何となく自然に二通りの握り方が受け継がれているに違いない。行司会で公式に話し合わなくても、日ごろ一緒にいることが多いし、小さな集合体なので、声を大きくして異論を唱えないかぎり、二通りの握り方が自然に受け入れられているに違いない。

握り方で私が興味を抱いているのは、二つの握り方をいつ頃から始めたかということである。それを私は明治後期にあったに違いないと指摘したことがあるが、実は、明治期の文献には握り方に相違があったことを書いていない。文脈上、そのような区別があったと匂わしているに過ぎない。式守家と木村家には握り方以外に別の相違があったかもしれない。それを私は握り方の相違だと誤って捉えていたかもしれない。

明治後期までは木村家と式守家はいろいろな意味で「別個の家」であり、その流れで握り方にも相違があったかもしれない。明治後期に両家の垣根が取り払われた。式守伊之助と木村庄之助という固定した地位が定められると、いつの間にか「姓」が変わると握り方も変わる

ようになったかもしれない。苗字交換が行われるのと同時に、即座に握り方も変わったのではなく、しばらく混沌とした期間があったはずだ。

　式守系の行司は結束が強いので、式守流をずっと維持していたかもしれない。式守系の握り方があったが、木村系は握り方にこだわらなかったかもしれない。しかし、いつの間にか、握り方に式守流と木村流ができあがったかもしれない。木村流はもともと握り方にこだわらない流派であったはずだが、式守流を認めることにより、それ以外の握り方を木村流と称したに過ぎないのではないだろうか。それが結果的に、二つの流儀になったのではないだろうか。

　実際、今でも式守流は木村流と比べ、結束力が強い。それには、歴史的に少数派だったことが起因しているのかもしれない。昭和30年前半には一門の結束が強かったので、行司の間でも師匠と弟子のつながりはものすごく強かった。それが式守系の行司では顕著で、握り方にも影響したのではないだろうか。握り方に固執するのも式守系のほうが強かったし、現在でも強いような感じがする。

　たとえば、もとから式守姓である行司は例外なく式守流の握り方をしているが、木村姓の行司の中には例外もときどき見られる。式守姓の行司は幼いころに握り方をしっかり教えられているからである。おそらく、昭和30年以前、一門の結束が強かった頃には、式守系は握り方にもずっと固執していたに違いない。そういう意味で、握り方がいつ頃から固執してきたかとなると、明治時代からでないかと推測しているのである。それを確実なものにするために、確かな文献を探しているが、残念ながら、現在までその幸運に恵まれていない。

　軍配の握り方に二通りあることは事実だが、それがいつ頃から始まったかは、今のところ、不明である。ある文献や明治時代の行司の作法などから明治後期にはすでに二つの流儀があったと私は指摘しているが、それは正しいかどうか、やはり検討する必要がある。

(9)　寛延2年8月に授与された5代木村庄之助の免許状によると、上

草履を履くことが許されている。この免許状は事実に即していないことを私は何度か指摘してきた。たとえば、『大相撲行司の松翁と四本柱の四色』（2020）の第2章「地位としての草履の出現」もその一つである。ところが、吉田司家二十五世追風・吉田長孝著『原点に還れ』（2010、pp.134-5）では、寛延2年8月に5代木村庄之助に授与された免許状が掲載され、寛延2年に草履が許されていたという。この免許状の文面は真実なのだろうか。私が調べたところ、地位としての草履が許されたのは天明7年12月である。許したのは、吉田司家である。すなわち、一方で、草履を許されたのは寛延2年8月とあり、他方では、天明7年12月とある。どちらが正しいだろうか。両方とも正しいのだろうか。

　天明期の錦絵を見るかぎり、当時の最高位の行司は草履を履いていない。それから推測すると、それまでは草履を履いていないはずだ。私は自分の指摘は間違っていないと信じているが、それは間違った思い込みかもしれない。やなり吟味する必要がある。同様に、『原点に還れ』（2010、pp.134-5）には、紫房は明治31年、15代木村庄之助に授与されたのが初めてであるという。私はこれに関しても何度か拙著で書き、間違っていると主張している。

　紫白房は江戸時代でも許されたし（たとえば9代木村庄之助）、准紫は明治25年にも授与されたし、総紫総は明治43年に許されたと指摘している。これに関しては、たとえば拙著『大相撲行司の伝統と変化』（2010）の第4章「明治43年以前の紫は紫白だった」や『大相撲立行司の名跡と総紫房』（2018）の第1章「紫白房と准紫房」、第2章「錦絵と紫房」、第3章「総紫の出現」でも扱っている。『原点に還れ』（2010、pp.134-5）の「紫房」が紫白房、准紫白、総紫房のいずれであるかは明白でないが、いずれの紫房であっても、それが明治30年に許されたとするのは間違っているはずだ。

　私の指摘が何らかの思い込みで間違った主張をしているのか、それとも25世追風・吉田長孝著『原点に還れ』（2010）に書いてあることが正しいのか、検討する必要がある。

なお、吉田長孝著『原点に還れ』では 15 代木村庄之助に授与した
のは「明治 31 年」とあるが、「明治 30 年」の誤りに違いない。この
行司は明治 30 年 9 月に亡くなっている。

　このようなテーマを巡っても、もう少し掘り下げて調べてみたかったが、
現在のところ、まだ中途半端に終わっている。もちろん、他にもアイディ
アらしきものは浮かんでは消え、消えては浮かんだりしている。

　これらの話題提供は「あとがき」の内容として必ずしもふさわしくない
が、行司の世界にはまだまだ面白いことがあり、調べてみる必要があるこ
とを訴えたかった。解決したつもりで発表しても、その後、それに関連し
て他の問題が出てくる。その問題を解き進めていくと、また他の問題が出
てくる。
　行司の世界には長い伝統があり、現在までいろいろ変化してきた。現時
点でも行司の世界に入っていくと、興味を引くことがたくさんある。行司
は相撲では脇役だが、相撲の世界では重要な役割を果たしている。そうい
う世界をのぞいてみると、そこには一つの世界があることに気づく。その
世界がどのような歴史的変遷を経て、現在の姿になったのかを調べてみる
のは、実に楽しいものである。皆さんもぜひ行司の世界をのぞいてみたら、
どうだろうか。何か楽しいものがきっと見つかるはずだ。

拙著と拙稿

　拙稿の中には拙著に組み入れたものも少なくない。これらの拙著や拙稿は公的機関を通せば、比較的簡単に容易に入手できる。

【拙著】

(1)　1998、『ここまで知って大相撲通』、グラフ社、237 頁。

(2)　1998、『Q&A 形式で相撲を知る SUMO キークエスチョン 258』（岩淵デボラ訳）、洋販出版、205 頁。

(3)　2006、『大相撲と歩んだ行司人生 51 年』、33 代木村庄之助と共著、英宝社、179 頁。

(4)　2010、『大相撲行司の伝統と変化』、専修大学出版局、368 頁。

(5)　2011、『大相撲行司の世界』、吉川弘文館、193 頁。

(6)　2012、『大相撲行司の軍配房と土俵』、専修大学出版局、300 頁。

(7)　2013、『大相撲の歴史に見る秘話とその検証』、専修大学出版局、283 頁。

(8)　2016、『大相撲行司の房色と賞罰』、専修大学出版局、193 頁。

(9)　2017、『大相撲立行司の軍配と空位』、専修大学出版局、243 頁。

(10) 2018、『大相撲立行司の名跡と総紫房』、専修大学出版局、220 頁。

(11) 2020、『詳しくなる大相撲』、専修大学出版局、312 頁。

(12) 2020、『大相撲行司の松翁と四本柱の四色』、専修大学出版局、194 頁。

【拙稿】

(1)　2003,「相撲の軍配」『専修大学人文科学年報』第 33 号、pp.91-123。

(2)　2003、「行司の作法」『専修人文論集』第 73 号、pp.281-310。

(3)　2003、「行司の触れごと」『専修大学人文科学研究所月報』第 207 号、pp.18-41。

(4)　2004、「土俵祭の作法」『専修人文論集』第 74 号、pp.115-41。

(5)　2004、「行司の改姓」『専修大学人文科学研究所月報』第 211 号、pp.9-35。

(6)　2004、「土俵祭の祝詞と神々」『専修人文論集』第 75 号、pp.149-77。

(7)　2005、「由緒ある行司名」『専修人文論集』第 76 号、pp.67-96。

(8)　2005、「土俵入りの太刀持ちと行司」『専修経営学論集』第 80 号、pp.169-203。

(9)　2005、「行司の改名」『専修大学人文科学研究所月報』第 218 号、pp.39 － 63。

(10) 2005、「軍配の握り方を巡って（上）」『相撲趣味』第 146 号、pp.42-53。

(11) 2005、「軍配の握り方を巡って（中）」『相撲趣味』第 147 号、pp.13-21。

(12) 2005、「軍配房の長さ」『専修人文論集』第 77 号、pp.269-96。

(13) 2005、「軍配房の色」『専修経営学論集』第 81 号、pp.149-79。

(14) 2005、「四本柱の色」『専修経営学論集』第 81 号、pp.103-47。

(15) 2005、「軍配の握り方を巡って（下）」『相撲趣味』第 148 号、pp.32-51。

(16) 2006、「南部相撲の四角土俵と丸土俵」『専修経営学論集』第 82 号、pp.131-62。

(17) 2006、「軍配の型」『専修経営学論集』第 82 号、pp.163-201。

(18) 2006、「譲り団扇」『専修大学人文科学研究所月報』第 233 号、pp.39-65。

(19) 2006、「天正 8 年の相撲由来記」『相撲趣味』第 149 号、pp.14-33。

(20) 2006、「土俵の構築」『専修人文論集』第 79 号、pp.29-54。

(21) 2006、「土俵の揚巻」『専修経営学論集』第 83 号、pp.245-76。

(22) 2007、「幕下格以下行司の階級色」『専修経営学論集』第 84 号、pp.219-40。

(23) 2007、「行司と草履」『専修経営学論集』第 84 号、pp.185-218。

(24) 2007、「謎の絵は南部相撲ではない」『専修人文論集』第 80 号、pp.1-30。

(25) 2007、「立行司の階級色」『専修人文論集』第 81 号、pp.67-97。

(26) 2007、「座布団投げ」『専修経営学論集』第 85 号、pp.79-106。

(27) 2007、「緋房と草履」『専修経営学論集』第 85 号、pp.43-78。

(28) 2008、「行司の黒星と規定」『専修人文論集』第 82 号、pp.155-80。

(29) 2008、「土俵の屋根」『専修経営学論集』第 86 号、pp.89-130。

(30) 2008、「明治 43 年 5 月以降の紫と紫白」『専修人文論集』第 83 号、pp.259-96。

(31) 2008、「明治 43 年以前の紫房は紫白だった」『専修経営学論集』第 87 号、pp.77-126。

(32) 2009、「昭和初期の番付と行司」『専修経営学論集』第 88 号、pp.123-57。

(33) 2009、「行司の帯刀」『専修人文論集』第 84 号、pp.283-313。

(34) 2009、「番付の行司」『専修大学人文科学年報』第 39 号、pp.137-62。

(35) 2009、「帯刀は切腹覚悟のシンボルではない」『専修人文論集』第 85 号、pp.117-51。

(36) 2009、「明治 30 年以降の番付と房の色」『専修経営学論集』第 89 号、pp.51-106。

(37) 2010、「大正時代の番付と房の色」『専修経営学論集』第 90 号、pp.207-58。

(38) 2010、「明治の立行司の席順」『専修経営学論集』第 92 号、pp.31-51。

(39) 2010、「改名した行司に聞く」『専修大学人文科学年報』第 40 号、pp.181-211。

(40) 2010、「立行司も明治 11 年には帯刀しなかった」『専修人文論集』第 87 号、pp.99-234。

(41) 2010、「草履の朱房行司と無草履の朱房行司」『専修経営学論集』第 91 号、pp.23-51。

(42) 2010、「上覧相撲の横綱土俵入りと行司の着用具」『専修経営学論集』第 91 号、pp.53-69。

(43) 2011、「天覧相撲と土俵入り」『専修人文論集』第 88 号、pp.229-64。

(44) 2011、「明治時代の四本柱の四色」『専修大学人文科学年報』第 41 号、pp.

(45) 2011、「行司の木村姓と式守姓の名乗り」『専修人文論集』第 89 号、pp.13

(46) 2011、「現役行司の入門アンケート調査」『専修経営学論集』第 91 号、pp.1-28。

(47) 2012、「土俵三周の太鼓と触れ太鼓」『専修人文論集』第 90 号、pp.377-408。

(48) 2012、「明治と大正時代の立行司とその昇格年月」『専修大学人文科学年報』第 42 号、pp.123-52。

(49) 2012、「大正期の立行司を巡って」『専修経営学論集』第 94 号、pp.31-51。

(50) 2012、「大正末期の三名の朱房行司」『専修人文論集』第 91 号、pp.143-74。

(51) 2013、「江戸時代の行司の紫房と草履」『専修大学人文科学年報』第 43 号、pp.171-91。

(52) 2013、「足袋行司の出現と定着」『専修人文論集』第 92 号、pp.165-96。

(53) 2013、「十両以上の行司の軍配」『専修経営学論集』第 96 号、pp.49-69。

(54) 2015、「軍配左端支えと軍配房振り」『専修人文論集』第 97 号、pp.510-32。

(55) 2016、「紫房の異種」『専修人文論集』第 99 号、pp.479-515。

(56) 2017、「総紫房の出現」『専修人文論集』第 101 号、pp.201-24。

(57) 2018、「地位としての草履の出現」『専修人文論集』第 103 号、pp.301-22。

(58) 2019、「地位としての足袋の出現」『専修人文論集』第 104 号、pp.195-214。

(59) 2019、「大相撲の松翁」『専修人文論集』第 105 号、pp.334-63。

(60) 2020、「赤色の四本柱と土俵の四方位」『専修人文論集』第 108 号、pp.139-63。

索　引

根間弘海（ねまひろみ）

昭和 18 年（1943）生まれ。専修大学名誉教授。専門は英語音声学・音韻論・英語教授法。趣味は相撲（特に行司）とユダヤ教の研究。英語テキストと相撲に関する著書は共著を含め、本書で 96 冊目となる。

（a）相撲では『ここまで知って大相撲通』（グラフ社）、『SUMO キークエスチョン 258』（岩淵デボラ英訳、洋販出版）、『大相撲と歩んだ行司人生五一年』（33 代木村庄之助共著、英宝社）、『大相撲行司の世界』（吉川弘文館）、『大相撲行司の伝統と変化』、『大相撲行司の軍配房と土俵』、『大相撲の歴史に見る秘話とその検証』、『大相撲行司の房色と賞罰』、『大相撲立行司の軍配と空位』、『大相撲立行司の名跡と総紫房』、『詳しくなる大相撲』、『大相撲行司の松翁と四本柱の四色』（専修大学出版局）がある。

（b）英語では『英語の発音演習』（大修館）、『英語の発音とリズム』（開拓社）、『英語はリズムだ！』、『英語のリズムと発音の理論』（英宝社）、『リズムに乗せれば英語は話せる』（ブレーブン・スマイリー共著、創元社）、『こうすれば通じる英語の発音』（ブレーブン・スマイリー共著、ジャパンタイムズ）などがある。

大相撲の神々と昭和前半の三役行司

2021 年 6 月 14 日　第 1 版第 1 刷

著　者　　根間　弘海

発行者　　上原　伸二

発行所　　専修大学出版局

　　　　　〒 101-0051　東京都千代田区神田神保町 3-10-3

　　　　　株式会社専大センチュリー内　電話 03-3263-4230

印　刷
製　本　　モリモト印刷株式会社

ISBN978-4-88125-363-2

◎専修大学出版局の本◎

詳しくなる大相撲	根間弘海	3,080 円
大相撲立行司の松翁と四本柱の四色	根間弘海	2,970 円
大相撲立行司の名跡と総紫房	根間弘海	2,860 円
大相撲立行司の軍配と空位	根間弘海	2,860 円
大相撲行司の房色と賞罰	根間弘海	2,860 円
大相撲の歴史に見る秘話とその検証	根間弘海	品　切
大相撲行司の軍配房と土俵	根間弘海	3,520 円
大相撲行司の伝統と変化	根間弘海	3,960 円

※価格は税込価格（10％）